苏轼

给孩子读的中国先贤故事

永宁 著

远方出版社
·呼和浩特·

图书在版编目（CIP）数据

苏轼 / 永宁著. -- 呼和浩特：远方出版社，2024.9. --（给孩子读的中国先贤故事）. -- ISBN 978-7-5555-1999-7

Ⅰ. K825.6-49

中国国家版本馆CIP数据核字第202424AY67号

苏轼

SU SHI

著　　者	永　宁
责任编辑	于丽慧
封面设计	VIOLET q1152979738
版式设计	曹　驰
出版发行	远方出版社
社　　址	呼和浩特市乌兰察布东路666号　邮编010010
电　　话	（0471）2236473总编室　2236460发行部
经　　销	新华书店
印　　刷	天津中印联印务有限公司
开　　本	880毫米×1230毫米　1/32
字　　数	114千
印　　张	6.75
版　　次	2024年9月第1版
印　　次	2025年1月第1次印刷
印　　数	1—5000册
标准书号	ISBN 978-7-5555-1999-7
定　　价	42.00元

出版说明

在这个瞬息万变的时代，我们享受着前所未有的便捷生活，却也不得不直面接踵而至的挑战与困难。世界仿佛一张错综复杂的大网，令人眼花缭乱。然而，无论时代如何变迁，每个人都无法回避一个根本问题：如何在有限的时空里，让生命绽放出有意义的光彩？对于青少年而言，正确认识这个问题并给出准确的答案显得尤为迫切，他们的人生刚刚起航，充满了无限可能，却也常常在迷茫与困惑中徘徊。

青少年时期，是塑造世界观、人生观和价值观的关键时期，每一次新的经历都如同为未来埋下的一粒种子，看似微不足道，却可能在岁月的滋养下成长为参天大树，也可能因土地贫瘠、养分不足而艰难成长。因此，为青少年提供怎样的精神养料绝非小事，它不仅关乎青少年的未来，更关乎国家和民族的命运，诚如梁启超先生所言：“少年智则国智……少年强则国强……”

当我们回溯五千多年的中华文明，不禁为其所蕴含的丰富宝藏而惊叹，那些闪耀着智慧光芒的中国先贤，宛如夜空中最璀璨的星辰，穿越时空的重重阻隔，为后人传递着无穷无尽的智慧与力量。

孔子，这位伟大的思想家、教育家，一生周游列国，四处奔走，试图推行自己的政治主张，却屡屡受挫。然而，他始终秉持“知其不可而为之”的坚定信念，从不退缩。晚年，他呕心沥血，整理诗书，为中华民族留下了一部部皇皇巨著，成为后人取之不尽、用之不竭的文化源泉。孔子的一生是执着追求理想的一生，他的坚韧与担当为后人树立了光辉的榜样。

霍去病，凭借卓越的军事才能和非凡的勇气，年仅十八岁便踏上抗击匈奴的征程，纵横沙场，连战连捷，立下赫赫战功。

李白，以浪漫飘逸的诗风，傲然屹立于中国文学的巅峰。他自信豪迈，“仰天大笑出门去，我辈岂是蓬蒿人”，尽显他对自身才华的高度自信；他不拘小节，“天子呼来不上船，自称臣是酒中仙”，表现出他对权贵的不屑与傲视。

尽管仕途坎坷，但他始终坚守自我，以清新畅快的诗句描绘出一个奇幻瑰丽的文学世界，让后人领略到他那自由奔放的思想魅力。

除了孔子、霍去病、李白，中华历史长河中还有无数震古烁今的先贤：抱朴守真的老子，以其深邃的哲学思想为后人揭示了宇宙与人生的奥义；乐观旷达的苏轼，无论身处何种困境，始终保持豁达的心态，留下了一篇篇脍炙人口的佳作；千古才女李清照，以细腻的情感、卓越的才华在男性主导的文学世界中独树一帜。此外，商鞅、张衡、张仲景、李时珍、张居正、徐霞客等先贤，在各自的领域都取得了非凡的成就，为中华文明的发展作出了很大贡献。

这些先贤的人生轨迹各不相同，但是他们在人生的道路上都经历过坎坷与坦途、机遇与挑战、得意与失意。他们的故事，就像一面镜子，映照出我们每一个人的生活。

当代学者戴锦华说过：“经由电影荧幕，望向他者。”这种对“他者”的关注，最终会引导我们回归自身，思考人生的意义。先贤们各具特色的个性、品质、才华和志向，为青少年提供了一个个参照系，让他们从中寻找“历史中的我”，进而思考“当下的我”。通过学习先贤的经验，青少年能够更好地规划自己的人生道路，这就是榜样的力量，也是历史传承的意义所在。孔子因崇敬周公，致力于推广周礼，著书立说，开创了儒家学派；司马迁因敬仰孔子，发愤图强，完成了被誉为“史家之绝唱，无韵之《离骚》”的《史记》。

“高山仰止，景行行止。”我们深信，中国先贤的故事和精神，将成为青少年成长道路上的宝贵财富。为了将中国先贤的形象更加鲜活地呈现在青少年面前，我们精心策划了这套“给孩子读的中国先贤故事”丛书。在编写过程中，我们始终坚持真实、有趣的原则，多方搜集资料，深入考证史实，力求还原先贤的真实面貌。同时，我们对语言文字进行了反复打磨、润色，使故事生动有趣，易于青少年理解和接受。

希望青少年朋友们通过阅读本丛书，以中国先贤为楷模，从他们的故事中汲取智慧与力量，在人生的道路上勇往直前，为实现中华民族伟大复兴的中国梦挥洒青春热血，用奋斗的汗水浇灌梦想之花！

一蓑烟雨任平生

“竹杖芒鞋轻胜马，谁怕？一蓑烟雨任平生。”这一脍炙人口的名句，是苏轼被贬黄州后所写的名词《定风波·莫听穿林打叶声》中的一句，表达了他在坎坷仕途中顶风冲雨、从容前行的坚强精神，传达出一种搏击风雨、笑傲人生的超然豪迈之情。

苏轼，是中国文学史上一位个性鲜明、遗世独立的大文豪；苏轼的文学成就，丰厚辉煌，是中国文学史上一座难以逾越的高峰。他以文学家、书法家、绘画家、美食家等多重身份，在北宋文坛绽放出独特而耀眼的光芒。无论是豪放洒脱的诗词，还是行云流水的书法，抑或是意境深远的画作，无不展现出他那无与伦比的艺术天赋。尽管命运似乎总爱与苏轼开玩笑，在他的人生之途布满坎坷与荆棘，可他始终保持着乐观豁达、通透洒脱的人生态度，如同一束穿越千年的耀眼光芒，照亮了无数在困境中前行的后人的道路。

“人生如有不如意，不妨读读苏东坡。”苏轼以亲身经历，淋漓尽致地向世人展示了其如何在命运的惊涛骇浪中稳驾自己的人生扁舟，驶向豁达通透的彼岸的进取拼搏历程。他的人生就是一部命运启示录，告诉我们这样一个道理：逆境磨砺心境，豁达方能致远。

苏轼出生于素有“千载诗书城”之美誉的四川眉州，这片钟灵毓秀的土地，孕育了他的才情；醇厚的家风，熏陶着他的品性，滋润着他的心灵。母亲程氏的悉心教导，不仅传授给他丰富的知识，更在他幼小的心灵里播下了正直与担当的种子。自童年时起，苏轼便以东汉名士范滂为楷模，立下了“为天地立心，为生民立命”的宏伟志向，决心以自己的才学报国靖边、济世安民。

苏轼 10 岁时便以不凡的文学才华在文坛崭露头角，一篇形象生动的《黠鼠赋》，寓意深刻，发人深省，表露了他不为假象所迷惑，勇于揭示生活真相的大胆思考精神。嘉祐二年 (1057 年)，20 岁的苏轼进士及第，踏上仕途，由此开启了他跌宕起伏的人生旅程。

在近 40 年的仕途生涯中，无论是居庙堂之高，还是处江湖之远，苏轼始终将百姓的福祉放在第一位。在杭州这座如诗如画的江南名城，苏轼为了百姓的生计，不辞辛劳地奔走于四乡八县。面对频发的旱涝灾害，他始终和百姓站在一起，冲在抢险救灾的第一线。干旱时，他带人开渠引水，助百姓恢复生产；洪涝时，他带头筑堤防洪。遇上灾荒，他开仓救济灾民，解救了无数遭受饥饿折磨的百姓。

苏轼深知水利对于民生的重要性，多次带领民众疏通杭州的运河体系，既便利了水上运输，又保障了农田灌溉。他亲率民众疏浚西湖，使西湖重新焕发出昔日的秀丽风姿。他所修筑的长堤横亘西湖湖面，桃柳相映，形成了闻名遐迩的“苏堤春晓”景观，被列为“西湖十景”之首，不仅为后世留下了一道美不胜收的景致,更留下了一段传颂千古的佳话。此外，苏轼还慷慨解囊，资助当地民众创建了公立医院安乐坊，为贫苦百姓提供免费的医疗救治，给那些在病痛中挣扎的人们带来了生的希望。

熙宁十年（1077 年），苏轼赴徐州任太守，上任不久便遇到洪水围城的险恶情况。他率领军民奋力抗洪，使城池安然无恙，百姓生命财产得以保全。他的事迹传到朝廷后，皇帝下旨称赞他：“亲率官吏，驱督兵夫，救护城壁。一城生齿，并仓库庐舍，得免漂没之害。”其大意是：苏轼亲自率领官员和差役，督促士兵与民夫，奋力保护城墙，使全城百姓、仓库、房屋等幸免于洪涝之灾。

元祐七年（1092 年），苏轼到扬州担任知州。他了解到当地百姓在繁重的赋税和奢靡的“万花会”的重压下，生活苦不堪言，于是奏请朝廷免除百姓拖欠的赋税，减轻百姓的负担。同时，他果断停办了劳民伤财的“万花会”，使扬州百姓从沉重的负担中解脱出来，重新过上了安稳的生活。

元祐八年（1093 年），苏轼到定州担任知州，尽管他任职只有短短 8 个多月的时间，但他做出了许多有益于百姓和国家的事情：整饬了军纪，鼓舞了士气；改良了土壤，植了树、造了林；治理了荒滩，种出了稻米，还整理、谱写了传唱千年的定州秧歌。在苏轼的治理下，定州的边防得到了巩固，百姓得以安居乐业。

苏轼生性耿介，刚正不阿，不屑与官场中那些圆滑世故、明哲保身的昏聩官吏为伍。他始终坚守自己的做人原则和底线，以天下为己任，敢于直言进谏。他目睹新法的推行过于急切冒进，使得本应造福百姓的一些新政，反而加重了百姓的负担。熙宁九年（1076 年），王安石辞相，司马光被朝廷重用，欲尽废新法。苏轼再次上书进谏，认为新法并非一无是处，其中切切实实给百姓带来实惠的部分应加以保留，不应不加分辨地一概废除。他这种坚持己见、不随波逐流的人生态度，使他既不被变法派所容，又遭到保守派的排挤。

元丰二年（1079 年），苏轼调任湖州太守。到任后他上表谢恩，不料被一些别有用心的政敌抓住把柄，说其中暗藏讥刺朝政的内容，最终引发了“乌台诗案”，苏轼被罢官下狱。经多方营救，他才免于一死，被发配到黄州任团练副使。

“乌台诗案”是苏轼人生中的一个重大转折点，他从朝堂的云端跌落至人生的谷底。但也正是这场磨难，铸就了他更加豁达通透的心境。在黄州这个偏僻荒凉的地方，苏轼没有怨天尤人，而是以一种全新的姿态拥抱生活。他亲自耕种，体验着劳作的艰辛与快乐，自号“东坡居士”。在这里，他创作了流传千古的《赤壁赋》《后赤壁赋》和《念奴娇·赤壁怀古》等经典之作。“大江东去，浪淘尽，千古风流人物”，他以豪迈的笔触，将自己的人生感慨融入到对历史的追忆中，展现出一种超脱尘世的豁达。“寄蜉蝣于天地，渺沧海之一粟。哀吾生之须臾，羡长江之无穷。挟飞仙以遨游，抱明月而长终。知不可乎骤得，托遗响于悲风。”在困境中，他深刻地领略到了人生的短暂与宇宙的永恒，但并未陷入消极的哀叹中，而是在困境中寻得了内心的宁静与祥和。

幸运的是，宋神宗及高太后爱惜苏轼的才华，将他重新召回京城。苏轼一时仕途顺畅，升任翰林学士、知制诰，兼任经筵侍读，成为朝廷中举足轻重的人物。然而，树大招风，苏轼的才华与正直再次引来了政敌的嫉妒与构陷。新党再度执政后，绍圣元年（1094 年），苏轼被贬到广东惠州，三年后又被贬到更为偏远荒凉的海南儋州。

海南儋州，在当时是荒蛮之地，生活条件极为艰苦。但苏轼没有被恶劣的环境打倒，依然保持着豁达通透的心境。在惠州，他说“日啖荔枝三百颗，不辞长作岭南人”，以乐观的心态享受着当地的美食，融入当地的生活。在儋州，他说 “我本儋耳人，寄生西蜀州” “九死南荒吾不恨，兹游奇绝冠平生”，将被贬儋州视为人生的一次奇特经历，毫无怨恨之意。他在儋州办学堂，兴教育，将文化的火种播撒在这片土地上，为当地培养了众多人才。

接连不断的贬谪，令苏轼的生存环境日趋恶化，但他总能及时调整心态，以随缘自在、旷达超脱的心态苦中作乐。他把每一次挫折都当作人生的历练，把每一个贬谪之地都当作自己的心灵故乡。

在逆境中，苏轼性情中超然旷达的一面愈发凸显，其文学艺术造诣也不断达到新的高度。无论被贬到哪里，他都没有放弃过写作。在他所留下的2700多首诗、300多首词以及众多的散文作品中，贬谪时期创作的作品占据了相当大的比例。他的诗词，不仅是个人情感的抒发，更是其人生经历的生动写照。

本书以翔实的史料为依据，力求客观、全面地展现苏轼丰富而传奇的一生，引领读者走进苏轼的内心世界，体悟他的才情与智慧，感受他的豁达与超脱。穿越千年的时光，苏轼的精神将永远激励我们在人生的道路上勇敢前行，笑对风雨。

目录

第一章

天纵之才，大器早成

苏轼出生于四川眉山的一个耕读世家，自幼受到淳美家风的熏陶，在严父慈母的悉心教导下，养成了豁达乐观的心性，立下了济世安民的远大志向。他天赋异禀，博览群书，年少时即表现出不凡的器识和才华。嘉祐元年（1056年）苏轼随父进京应考，在次年的春试中脱颖而出，位列榜眼。其清新洒脱的文风，深受文坛领袖欧阳修的赏识。几年后在制科考试中，苏轼再次取得三等的好成绩，声名大噪，誉满京城。

苏氏家风育高才

在四川省峨眉山麓、岷江岸边，坐落着一座美丽静谧的小城——眉山（今四川省眉山市）。

眉山历史悠久，古代称为“眉州”。这里物华天宝、人文荟萃，历史上名人辈出，文化昌盛，饮誉四海，史不绝书，素有“千载诗书城”之誉。

北宋景祐四年十二月十九日（1037 年 1 月 8 日），在眉山城内古朴幽静的苏家宅院（今眉山市东坡区纱谷行南街 72 号），伴随着一阵清脆的婴儿啼哭声，一个男孩降生人间。这个孩子，就是后来的“唐宋八大家”之一——苏轼，世称“苏东坡”。

苏轼的先祖名叫苏味道，生于唐贞观二十二年（648 年），是汉朝刺史苏章的后裔。他自幼聪颖，9 岁就能写诗作文，文才出众，与同乡的李峤并称“苏李”，武后时期与杜审言、崔融、李峤并称“文章四友”。唐高宗总章二年（669 年），22 岁的苏味道进士及第，之后他青云直上，官运亨通，在武后时期三度拜相，高居相位达 7 年之久。神龙元年（705 年）唐中宗复位后，苏味道因为此前亲附武则天的男宠张易之，被贬为眉州刺史，不久在任上去世。

苏味道去世后，他的儿子仍定居眉州，在眉州娶妻生子，繁衍生息。过了 300 多年，苏家已经人丁兴旺，成为眉山城中的一个大户。在眉山，苏家虽算不上名门望族，但是因为祖上乐善好施，颇受乡邻敬重，传到苏轼的曾祖父苏杲这一代时已小有名气，家境也比较富裕。

苏轼的祖父苏序，也是个古道热肠之人，时常拿自家的钱粮去救助贫困的乡亲，为子孙后代树立了榜样，在乡邻中有着很好的口碑。苏轼幼年与祖父朝夕相伴，耳濡目染了祖父扶困济贫的事迹，不知不觉间也承袭了祖父的处世风格。

苏轼对祖父非常尊敬，成年后的他时常跟好友谈起祖父的一些趣事：过去，富人们都喜欢囤积大米，苏序却独辟蹊径，把大米换成稻谷，存了三四万石。大家都不明白他为什么这样做，后来饥荒来临，苏序开仓放谷，按关系亲疏远近，将积攒的稻谷分给家人、族人、姻亲以及佃户、穷人。人们这才恍然大悟，原来苏序囤积稻谷，是考虑到大米一受潮就会发霉、腐烂，而稻谷可以储藏多年，这样遇到荒年，就不必为缺粮而发愁，而且可以拿出稻谷救助穷困之人。

苏序衣食不缺，生活无忧无虑，时常携酒一樽，与亲友坐在草地上畅饮高歌。一天，苏序正在与朋友一起饮酒取乐，突然传来一个好消息——他的第二个儿子，也就是苏轼的二伯父苏涣考中了进士。

苏涣很了解父亲的行事作风，于是亲自派人送来喜报、官帽、官袍、手笏，还有一张太师椅和一只漂亮的茶壶。这时，苏序已喝得酩酊大醉，手里还拿着一块牛肉。他醉眼蒙眬，把牛肉和喜报、官帽等一起塞进包袱里，骑上驴子进城，又让村里的一个小伙子背上他的行李，跟在他身后。人们看见苏序醉醺醺地坐在驴背上，后面还跟着一个小伙子，背着凌乱的行李，觉得很是滑稽可笑，纷纷走近围观，一边议论，一边大笑。苏轼母亲的娘家得知消息，觉得很是丢脸。

然而苏轼认为，祖父的性格中透露出豁达、纯真与自由的天性。后来，苏轼在仕途的坎坷经历中所表现出来的旷达洒脱、豪放浪漫的性格，与他祖父的性格十分相似。

苏轼的父亲苏洵，年少时不思进取，无意读书，整天只知游山玩水。到了 27 岁那年，也就是苏轼出生的前一年，苏洵幡然醒悟。他看到自己的兄长、姐夫都金榜题名，封官授印，自觉脸上无光，于是每日闭门不出，发愤读书。

端午节那天早晨，苏洵正在书房里聚精会神地读书，夫人程氏给他送来几个剥好的粽子和一碟白糖。过了一会儿，程氏去书房收拾碗碟，发现白糖没有一点被蘸过的痕迹，砚台四周却掉落了不少糯米粒，再一看苏洵，他的嘴边竟墨渍斑斑。原来，苏洵读书入迷，把砚台当成了糖碟，蘸着墨汁吃下粽子却浑然不知。中国蒙学经典《三字经》中记载："苏老泉，二十七。始发愤，读书籍。"这句话说的就是苏洵 27 岁开始发愤读书、求取功名的故事。这一故事一直流传至今，为人们所津津乐道。

在苏轼出生之前，苏洵夫妇还生过三女一男，但长子、长女与次女都先后夭折，只有苏八妹活了下来。苏八妹长大后嫁给了表兄，因为受到夫家虐待，不幸也香消玉殒。

苏轼 3 岁的时候，弟弟苏辙出生。苏洵与程氏对兄弟二人悉心教诲。苏洵在自己刻苦攻读的同时，把自己的学识和品行教授给两个儿子。在父亲的严格督促下，苏轼学习十分用功，从小就饱读诗书，从中国传统文化典籍中汲取了丰富的营养，为他日后走上文学创作道路，成为一代文豪打下了坚实的基础。

苏轼的母亲程氏是名门闺秀，知书达理、温柔贤淑。在丈夫到各地游学时，她就担起了教育苏轼等几个孩子的任务，告诉他们“君子爱财，取之有道，凡非分之财，一分一文也不能妄取”，还经常给他们讲一些古人忠贞爱国、坚守道义、洁身自好的故事，以培养他们的品德、情操和气节。

有一天，程氏给苏轼讲解《汉书·范滂传》。范滂是东汉人。东汉政治腐败，政权落入宦官手中。宦官与宗室贵族、地方豪强互相勾结，残害忠良、贪污腐败、鱼肉百姓，整个社会动荡不安，民不聊生。一些有气节的文人志士一再冒死进谏，但都遭到残酷打击，或是被处以酷刑，或是被杀害。名士范滂坚守正道，勇于同朝廷腐败势力作斗争，两次遭遇“党锢之祸”都视死如归。当朝廷第二次颁发逮捕他的诏书时，范滂主动去监狱投案。当地县令见范滂来了，吓了一跳，不解地问他：“天下这么大，哪儿不能去，先生为什么要到这儿来呢？”

范滂真诚地说：“我死了，祸患就终结了，哪敢用自己的罪来连累您，又让我的老母亲流离失所呢？”

范滂的母亲得知儿子“自首”的消息，前来和儿子诀别。范滂对母亲说：“娘，孩儿对不住您。弟弟孝顺，可以供养您，我跟随父亲在九泉之下，生死存亡各得其所，希望您不要伤心。”

范滂的母亲从容地回答道：“一个人既想要好的名声，又想富贵长寿，怎么可能二者兼得？我宁愿你舍弃性命，实现你的人生抱负。”

范滂再三跪拜母亲后，昂首阔步，慨然赴死，死时年仅33岁。围观的人看了，无不感动落泪。

程氏讲到这里，不由自主地叹了口气，她敬重刚正不阿的范滂，更敬重平凡而又深明大义的范母。苏轼听了母亲的讲解，内心深受启发，他抬头望着母亲，一脸认真地问道：“娘，我长大后如果做个像范滂这样的人，您愿意吗？”

程氏语气坚定地回答道：“你如果能做范滂，难道我就不能做范母吗？”

母亲的话深深地打动了苏轼，有程氏这样的母亲，真是他的幸事。在母亲的言传身教下，年少的苏轼立下了济世安民的远大志向。

苏宅的四周，翠竹丛生，一年四季，葱郁茂密，昂首挺立。程氏常以竹喻人，教育苏轼兄弟要像竹子那样，不论身处何种环境，都要保持刚正不阿、坚韧不拔的气节。苏宅院内长有几株大树，许多鸟雀常来树上搭窝安家，程氏心肠仁慈，禁止孩子们捕鸟。程氏善良的天性也深深影响了苏轼，使他在日后的人生中始终保持一颗仁慈、温热的心，无论受到何种打击，都挚爱着国家，挚爱着百姓。

诗书继世长，家风育英才。苏氏家族淳美优良的家风，孕育了苏轼满腹经纶、学富五车的才学，正直善良、刚正不阿的品格，心系苍生、忠心报国的胸襟，廉洁奉公、勤政爱民的心性，豁达乐观、超然洒脱的态度，使得他在为人、为学、为官等方面达到了完美的境界，成为文人士子景仰的楷模，堪称后世文人之典范。

少年早慧显才华

庆历二年（1042年），苏洵游历归来，一边居家继续读书，考究古今治乱得失；一边教育苏轼、苏辙两兄弟，辅导他们读书、学诗和作文。苏家的家庭氛围为培育文豪提供了良好的土壤。

苏轼有父母陪伴，家境也不错，所以他的童年的生活幸福而安稳。

苏轼热爱大自然，喜欢山水。读书学习之余，他常常一个人到泉水边散步，在大石上跳跃，上山寻找奇花异草，对大自然充满了好奇。他后来能不为世俗的眼光所束缚，无论遭遇多大打击，都能保持积极乐观的求索精神以及旺盛的生命力、创造力，也是得益于自然风光赋予了他超然物外、与众不同的个性。

蜀地蚕桑业发达。每年春天，眉山城中都会举办蚕市。蚕市上人来人往，热闹非凡。每到这个时候，苏轼便丢下书本，拉着弟弟一起去蚕市上玩。后来，他还特地写了一首诗，回忆蜀地人民辛苦耕作的情形以及蚕市的热闹景象：

和子由蚕市

蜀人衣食常苦艰，蜀人游乐不知还。
千人耕种万人食，一年辛苦一春闲。
闲时尚以蚕为市，共忘辛苦逐欣欢。
去年霜降斫秋荻，今年箔积如连山。

破瓢为轮土为釜，争买不啻金与纨。
忆昔与子皆童丱，年年废书走市观。
市人争夸斗巧智，野人喑哑遭欺谩。
诗来使我感旧事，不悲去国悲流年。

蜀地的富庶、蚕市的热闹、商人的机智，都在苏轼心中留下了不可磨灭的印记。

庆历三年（1043 年），8 岁的苏轼被送到天庆观读书。学堂很大，有 100 多个学童，教书先生是个道士，名叫张易简，此人颇有学问，却不好功名。

苏轼天赋异禀，思维敏捷。对于老师所讲授的知识，他很快就能理解；对于课文中的内容，他也是过目不忘，张口就能背诵。很快，苏轼就在众多学生中脱颖而出，经常受到老师的夸奖。

一天，一位从京城来的人，拿出国子监直讲（主要职责是教授学生）石守道写的《庆历圣德诗》给张易简看。这首诗颂扬了宋仁宗刚刚推行的“庆历新政”，提到了范仲淹、欧阳修等人对朝政提出的改革建议，赞扬了他们为国分忧、勇于直谏的精神。张易简读诗时，苏轼也在一旁听着，等张易简读完诗，他已能诵读、通晓诗中的语句，还好奇地问道："先生，这首诗里赞颂的那些人都是谁？"

张易简觉得苏轼还小，不想给他讲有关政治方面的事情，便说："小孩子何必问这些。"

"难道他们是天上的人吗？如果是的话，我确实不敢问。但如果他们也是凡人，我为什么不能知道呢？"苏轼很不服气地说。

张易简见苏轼出言不凡，心中更加喜欢他，便给他讲了一些有关"庆历新政"的情况。苏轼虽然还不太能理解那些复杂的政治问题，但范仲淹、欧阳修这些忠于国事的政治家们的名字已牢牢刻印在他的心中。

随着年龄的增长，苏轼开始为参加科举考试做准备。他刻苦攻读，博览经书、史书、诗篇和选文，摘抄并背诵其中的精华。

苏洵对苏轼、苏辙兄弟二人的教育从不懈怠。当时的北宋文坛受晚唐五代的影响，流行辞藻华丽、内容空虚、矫揉造作的文风。苏洵对此十分厌恶，他更喜欢质朴的文风。他反复告诫苏轼、苏辙兄弟二人：写文章要"得乎吾心"（有感而发），写"胸中之言"（充满真情实感），而写出的文章应“有为而作”（有的放矢），“言当世之要”（对时政有反思）。

苏洵十分欣赏司马迁、韩愈和欧阳修等人的作品，崇拜他们心系天下苍生的情怀和为国分忧的担当精神，所以他也时常要求儿子们学习他们的胸怀和气节。

庆历八年（1048 年）春，苏洵又把苏轼、苏辙兄弟二人送到眉山城西的寿昌院，拜州学教授刘微之为师，主攻诗赋声律之学。此时的苏轼已在诗歌创作上显露出过人的才气。一天，刘微之写了一首题为《鹭鸶》的诗，最后两句是“渔人忽惊起，雪片逐风斜”。刘微之对这两句最为得意。

苏轼读后似有所悟，低声道：“先生的诗写得好极了，只是‘雪片逐风斜’之句没有写出鹭鸶的归宿。若是改为‘雪片落蒹葭’，意境就大不一样了。”

“你这一改，果然意境顿出啊！我仿佛看到渔人起身，惊动鹭鸶，鹭鸶群飞，翩翩白羽纷纷落于苍翠的蒹葭丛中。”对于苏轼的才华，刘微之赞叹不已，又自谦道，“老夫能教导你这样的学生，真是三生有幸。”

不过，才华初露的苏轼始终保持着一颗平常心，这都离不开他父亲的影响和启迪。苏洵不愧是教子育才的典范。

唤鱼联姻传佳话

光阴似箭，皇祐六年（1054 年），苏轼 19 岁了。苏洵打算带苏轼和苏辙进京赶考，不过，在此之前，苏洵想让儿子们先完婚。

苏洵的好友王方在中岩书院（位于今四川省眉山市东坡区东坡城商业步行街）执教时，苏洵曾把苏轼送到中岩书院读书。苏轼聪颖好学，深得王方喜爱。

中岩寺的丹岩赤壁下有一个水潭，潭水清碧，绿波荡漾。苏轼读书之余，经常去潭边观景。有一次，他来潭边观望良久，见潭中无鱼游动，忍不住大声道：“好水岂能无鱼？”随后拍掌 3 下，顷刻间，潭内岩穴中鱼儿一一游出，争先跃出水面，场面惊奇且壮观。

苏轼大喜，找到老师王方，建议说：“丹岩赤壁水潭乃美景，美景当有美名。”

王方点头赞同，于是邀请很多文人学士前来为水潭题名，但是他们的题名不是过雅，就是落俗。苏轼略一沉思，挥笔写下“唤鱼池”。池中有鱼，呼之则出，用“唤鱼池”这个名字再贴切不过了。众人拍手称绝。

这时，王方的女儿王弗也让丫鬟从闺阁中送来了题名。原来，她听说父亲为水潭征名，也想凑个热闹。王方从丫鬟手中接过红纸，将其铺开，只见上面赫然写着“唤鱼池”3个字。

大家都十分惊讶，异口同声地说道：“真是不谋而合，韵成双璧啊！”

随后，将苏轼手书的“唤鱼池”3个字刻在了丹岩赤壁上。而苏轼和王弗二人的婚事也就此定了下来。

在此之前，苏轼与王弗从未谋面，但两人心有灵犀，志趣相投，在最美好的年华走到了一起。一个是绝代才子，另一个是窈窕淑女，佳偶天成，“唤鱼联姻”成为千古佳话。

王弗蕙质兰心，知书达理，婚后对苏轼关怀备至。苏轼读书时，她就陪伴左右，如果发现苏轼有遗忘的地方，她便在一旁悄悄提醒。有时苏轼问她书中的问题，她都能对答如流。苏轼颇为惊讶，觉得王弗的才情不输自己，不禁对她刮目相看，爱意更深。

为了准备进京赶考，苏轼废寝忘食地读书学习，而王弗一直与他形影不离。二人琴瑟和鸣，情深意笃，谱写了一段人间佳话。

屈居第二获榜眼

苏轼结婚的第二年，苏辙也娶了同乡人史瞿之女史氏为妻。两个儿子的终身大事都解决了，苏洵算是了却了一桩心事。

嘉祐元年（1056 年）春，苏洵携二子进京赶考。谁也没有料到，蜀地就此诞生了 3 位文学大家，苏氏父子 3 人日后均以出色的文采、精彩的诗文一同跻身“唐宋八大家”之列。

苏洵曾几次参加科考，但都名落孙山，所以，尽管他知道两个儿子才华过人，但对于这次进京赶考能否中榜，心里也没有多大把握，于是决定先去益州（今位于四川省成都市）拜访自己的老友——益州知州张方平。

张方平是北宋名臣，曾官至翰林学士、参知政事。张方平很欣赏苏洵的文才，曾经多次向朝廷举荐过苏洵，但最后都不了了之。

张方平一见苏轼，便觉他惊为天人，乃人间骐骥。于是，他给当时文坛上颇负盛名、时任礼部侍郎和翰林侍读学士的欧阳修写了封信，向他举荐3人，并资助3人盘缠。有了这封举荐信，苏洵的心里踏实多了。

父子三人离开益州后，穿剑阁，越关山，入关中，途经洛阳时，在洛阳的一间客舍里小住。夜幕降临，喧闹一天的洛阳城开始安静下来，苏洵、苏辙洗漱完毕，准备上床就寝。苏轼则辗转反侧，抬头望向窗外，昏暗的灯火中，低垂的杨柳、半掩的红楼依稀可见。微风轻轻吹过，苏轼心中掀起一阵波澜，油然而生一股柔情蜜意。他想起了远在家乡的妻子王弗，于是提笔写道：

一斛珠·洛城春晚

洛城春晚。垂杨乱掩红楼半。小池轻浪纹如篆。烛下花前，曾醉离歌宴。

自惜风流云雨散。关山有限情无限。待君重见寻芳伴。为说相思，目断西楼燕。

这首词是苏轼早年难得的佳作，全词写得柔情缱绻，深情浪漫，一字一句写尽对妻子的相思之情，感人肺腑，催人泪下。

过了洛阳，又翻过秦岭，苏洵父子 3 人于五月到达京城汴梁（今河南省开封市）。父子 3 人寄宿在京城的一座寺庙中，等待秋季由礼部举行的初试——省试。考生只有通过了省试，才能参加来年春季由皇帝亲自主持的殿试，高中者才有机会入朝为官。

在京城等待考试期间，苏洵以身作则、苦读不懈。苏轼、苏辙也效仿父亲，每天早早起床，勤奋读书，刻苦学习。功夫不负有心人，父子 3 人都顺利通过了礼部的初试。

为了准备殿试，苏洵父子 3 人继续待在京城。苏洵积极结交当朝权贵，拜访了德高望重的欧阳修。苏轼、苏辙则对新鲜事物比较好奇，时不时地到街上游逛，几乎游览了整个京城。有时，他们在热闹的街市上寻找有名的饭馆，品尝美味佳肴；有时，他们站在寒风凛冽的街头，看着高官显贵乘坐马车从街上悠闲地驶过，向往不已。

嘉祐二年（1057 年）正月，宋仁宗下诏举行殿试，由欧阳修任主考官，王珪、梅尧臣担任检试卷官，韩绛、范镇等为副考官。苏家父子期待已久的大考终于来临了。

宋代的殿试十分严苛，考生必须半夜起床，自带饭食，于天亮前赶到皇宫外面等候。考试时，考生被关在号舍中，由专门的侍卫看守，直到考完全部科目才允许离开考场。考生答完卷后，由书记官将考卷内容誊抄一遍，再将考生姓名用纸糊住，然后递交给主考官。这样做是为了避免主考官认出考生的笔迹而徇私舞弊。

梅尧臣在阅卷的时候，读到一篇文章，顿觉眼前一亮，赞道："这篇文章立意不凡，有孟轲之风！"他当即将文章呈给主考官欧阳修。

为了整治当时文坛盛行的辞藻华丽、空虚造作的风气，欧阳修曾明确规定，应试文章必须言之有物、力戒空洞，否则将被视作劣文。他看完梅尧臣说的这篇文章后，同样十分赏识："好文，好文！辞藻简练，立意深刻，完全脱离了五代宋初以来浮靡艰涩的文风，令人耳目一新，是一篇不可多得的上乘之作！"

一向惜才育才的欧阳修本打算将这篇文章列为第一名，但又担心是自己的得意门生曾巩所作，为了避嫌，他决定将此文降为第二名。结果揭开糊名的纸片后，欧阳修才发现文章的作者不是曾巩，而是苏轼。就这样，阴差阳错中，曾巩摘得了这一年的状元桂冠，苏轼获得了第二名——榜眼。

苏轼的这篇文章题为《刑赏忠厚之至论》。在文中，他着重讨论了“法”的2个方面，即宽容和界限，提出“仁可过，义不可过”的崭新观点。立论之后，他又引经据典，援引古人以忠厚为本施行刑罚、赏赐的范例，并引用《尚书》《诗经》中的名言，提炼《春秋》中的要义，层层深入地阐述了儒家的仁政思想，从而大大丰富了文章的内涵，增强了文章的气势和说服力，使它在一大堆立论低俗、语言枯燥、句式呆板的平庸文章中脱颖而出。整篇文章构思精巧，结构严谨，气势纵横，说理透彻，在区区600余字中透露出真知灼见，展现了苏轼高超的写作水平和娴熟自如的文章驾驭能力。

考试结束后，苏轼依礼去拜访欧阳修。欧阳修好奇地问道：“你在文中说，皋陶曰‘杀之’三，尧曰‘宥之’三。这两个典故出自哪本书？”

“在《三国志·孔融传》的孔融注释中。”苏轼毕恭毕敬地回答道。

苏轼走后，欧阳修找来《三国志》翻阅，但并没有查到。等苏轼又一次来拜访时，欧阳修再次问及此事。

苏轼从容不迫，侃侃而谈：“曹操灭掉袁绍，把袁绍之子袁熙的妻子甄宓赐给了自己的儿子曹丕。孔融说：‘这无异于周武王讨伐纣王后，把妲己赐予周公啊。’曹操闻言大吃一惊，连忙询问此话出于什么典故。孔融回答说：‘以今天的情况猜测推断，想当然耳。’”

苏轼言外之意，是说他和孔融一样，引用的那两个典故也是“想当然耳”。

苏轼的回答让欧阳修极为震惊，赶忙确认：“是你自己杜撰的？”

“是的，皋陶、帝尧有圣贤之德，说出这样的话也是意料中的事情啊！”苏轼坦然道。

欧阳修听了，不由得对苏轼刮目相看。要知道，古代科举考试对于考生作文的要求非常严格，要求言必有出处，想当然地杜撰典故，无疑是犯了考试的大忌。幸好苏轼遇到的是欧阳修，欧阳修一向主张作文要言之有物，但也反对墨守成规、拘泥呆板。所以，他对苏轼的胆识和才华都十分欣赏，还向他人称赞苏轼：“此人可谓善读书，善用书，他日文章必独步天下。”

放榜后，苏轼还特地给欧阳修写了一封感谢信。欧阳修读后，在写给梅尧臣的书信中坦陈：“读了苏轼的信，老夫不禁汗颜！老夫当退让，使其出人头地。”这就是成语“出人头地”的出处。

如此谦恭的话语竟出自欧阳修这样的文坛泰斗之口，可见苏轼的才华确实非同凡响。很快，欧阳修钦佩苏轼才华的佳话传遍了整个京城。据说有一天，欧阳修和儿子闲聊谈到苏轼时，难掩赞赏之情，由衷地对儿子说道：“你记住我的话，30 年后，世人可能不再记得我、谈论我！”

欧阳修逢人就夸赞苏轼的才华，并将苏轼引荐给宰相文彦博、枢密使韩琦等人。这些大臣与苏轼见面后，都被苏轼的文采和见识所折服。

这次殿试，苏轼的弟弟苏辙也高中进士。与两个儿子一举成功相比，苏洵却是科场败将。他深有感触地说：“莫道登科易，老夫如登天。莫道登科难，小儿如拾芥。”

然而苏洵写的文章还是得到了人们的认可、赞赏。在京城，人们争相传阅苏氏父子 3 人的文章，3 人也因此声誉鹊起，其中名气最大的是苏轼。在欧阳修的力荐之下，很多达官贵人都渴望一睹苏轼的风采。当时有谚语说：“苏文熟，吃羊肉；苏文生，吃菜根。”这句话是说精熟三苏的文章，就能登科及第，享有富贵，足见三苏文章受世人重视的程度。

制科阁试再夺魁

俗话说，天有不测风云。正当苏轼前途一片大好，即将开启官宦生涯之际，忽然传来一个噩耗——母亲病故。

苏氏父子 3 人连忙赶回眉山奔丧。到家后他们发现，家中房屋因为无人修缮，用篱笆围成的墙体已经倾倒，屋顶被风雨侵蚀得残破不堪，十分凄凉。苏轼的妻子王弗和苏辙的妻子史氏也都容颜憔悴，一脸哀伤。

在家丁忧的日子里，苏轼经常带妻子王弗去青神县的娘家游玩。秀美的山林、深幽的山谷、清澈的溪流、古朴的佛寺，令他有游历仙境、超然出世之感。他有时与岳父家的叔伯表兄弟去庙中访谒高僧；有时坐在古桥附近的防护岸堤上，以游闲野炊为乐；有时在万籁俱寂之时，坐在茅庐外仰望星空，静听虫语，感受清爽的微风，令他无比惬意。

这段时间，苏洵在等待朝廷的任命。因为丧妻和丧母不同，丧妻可以接受官职。尽管有欧阳修的举荐，朝廷还是要求他到舍人院（北宋为皇帝起草诏令的机构）参加专门的策试。苏洵心里很不是滋味，加上对考试有恐惧心理，所以他以年老多病为由，没有应诏。

嘉祐四年（1059 年）十月，儿子们居丧期满，苏洵决定举家迁往京城。这次苏洵选择走水路，沿岷江而上，用了大约半年时间才抵达汴京城。一路上，苏洵父子 3 人你唱我和，共写了百余首诗，结成《南行集》，可惜其中的大部分诗作已经失传。

这一次，苏轼真的要与故乡永别了！他心中的故乡渐渐飘远，而那浩浩荡荡的江水仿佛预示着他的未来将广阔无边。行至荆州，苏轼被秋景所吸引，触景生情，写下了一首诗。

浣溪沙·山色横侵蘸晕霞

山色横侵蘸晕霞。湘川风静吐寒花。远林屋散尚啼鸦。

梦到故园多少路，酒醒南望隔天涯。月明千里照平沙。

山色醉人，霞光中一片朦胧，远远望去，不知是霞光染上了山色，还是山色沾染着霞光，或许它们早已合二为一。江面风平浪静，菊花正含苞开放。远处的树林边散落着几户人家，耳边不时传来乌鸦的啼叫声，它们好像还在寻找着可以栖息的地方。这与苏轼的处境极为相似。苏轼想起了故乡的小路，不禁回首望向故乡。他不知此处离故乡有多远，只知道酒醒之后，南望时不见故乡的影子。皎洁的月光撒在空旷的沙原上，更增添了他的乡愁。

船继续前进，越过江陵后，沿江北上，途经许州（今河南省许昌市）。许州西湖（位于今河南省许昌市魏都区，又名小西湖）中间有横堤阻挡，东西相隔。太守宋莒公为了方便游玩，调集了很多民夫来挖开横堤，耗资甚巨，劳民伤财，百姓叫苦不迭。苏轼想到颍川（今河南省禹州市）连年灾荒，庄稼歉收，田野一片荒凉，百姓生活困苦不堪，而许州官员却贪图享乐，不顾百姓死活，为此痛心疾首。城市的游乐欢愉与百姓的悲伤苦难形成了鲜明的对比，使他不禁发出“但恐城市欢，不知田野怆”的感叹。

许州西湖

西湖小雨晴，滟滟春渠长。来从古城角，夜半传新响。

使君欲春游，浚沼役千掌。纷纭具畚锸，闹若蚁运壤。

夭桃弄春色，生意寒犹怏。唯有落残梅，标格若矜爽。

游人坌已集，挈榼三且两。醉客卧道旁，扶起尚偃仰。

池台信宏丽，贵与民同赏。但恐城市欢，不知田野怆。
颍川七不登，野气长苍莽。谁知万里客，湖上独长想。

可以说，一路上的所见所闻大大激发了苏轼内心的责任感。他暗暗立下志向：日后自己如果担任地方官员，一定要勤政爱民，造福一方，让百姓安居乐业。

嘉祐五年（1060 年）二月，苏洵一家抵达京城，在京城宜秋门附近买了一座带有花园、占地半亩的宅院，宅院环境清幽。

苏轼和苏辙作为进士，都取得了任官的资格，分别被任命为河南府福昌县主簿、河南府渑池县主簿。主簿是负责管理文书的从九品官，显然不是苏轼和苏辙心目中的理想职位。他们听说来年要举行制科考试，所以都辞不赴任，准备应试。

同年八月，苏洵也得到了一项任命，职位是秘书省试校书郎。一个“试”字，令苏洵的自尊心大受打击，于是他以俸禄太低为由，又没有去赴任。他给当朝宰相韩琦上书，要求“别除一官”，之后被任命为霸州（今河北省霸州市）文安县主簿。不久，宋仁宗推行新政，欧阳修得到重用，被任命为参知政事，兼任提举太常修礼。经欧阳修推荐，苏洵得到了一个编纂礼书的职位。

嘉祐六年（1061 年），宋仁宗下诏举行制科考试，选拔人才。参加制科考试的人，需有朝中大臣举荐。苏轼的举荐人是大学士欧阳修，苏辙的举荐人是天章阁待制杨畋。欧阳修在举荐状中这样写道：“（苏轼）学问通博，资识明敏，文采烂然，论议蜂出。其行业修饬，名声甚远。”

苏辙因为从小体弱多病，不适应北方的气候，在制科阁试举行之前病倒了，无法参加考试。丞相韩琦向宋仁宗上奏说：“苏辙生病了，需要一些时间养病，能否将考试时间延后？”宋仁宗爱惜苏辙的才华，特意开恩，将阁试推后 20 天举行。

八月十七日，苏轼和苏辙顺利通过阁试六论以及宋仁宗在崇政殿举行的御试对策。最终，苏轼被列为三等，苏辙被列为四等。实际上，第一、第二等均为虚设，从未有人得过，所以第三等就是最好的成绩了。

随后，苏轼又呈上 25 篇策论文章，包括《贾谊论》《晁错论》《刑赏忠厚之至论》等名篇。宋仁宗读了苏氏兄弟的文章后，大喜过望，对皇后说：“今天，朕给儿孙们挑选了两位宰相。”

同年十一月，苏轼被任命为大理评事，签书凤翔府（今陕西省凤翔区）判官，有权签署奏折公文。大理评事为正八品，是专门掌管刑狱的京官，签书判官则是州府设立的幕职，主要掌管文书，辅助知州治理地方。苏辙则被任命为秘书省试校书郎，充商州（今陕西省商县）军事推官。

历史知识小贴士

唐宋八大家

唐宋八大家，又称“唐宋散文八大家”，是唐代与宋代八位著名散文家的合称，分别为唐代的韩愈、柳宗元，宋代的欧阳修、王安石、苏洵、苏轼、苏辙、曾巩。

八人中，韩愈、柳宗元是唐代古文运动的领军人物，欧阳修、苏洵、苏轼、苏辙是宋代古文运动的核心人物，王安石、曾巩是临川文学的代表人物。

韩愈和柳宗元是古文运动的发起者、倡导者，主张恢复并发扬先秦和汉代的散文风格，强调“文以明道”，重视文学在社会中的作用，认为文学创作应与现实世界相结合，文章应该承载社会道德与历史使命，反映实际生活，提倡内容与形式的和谐统一，鼓励创新。欧阳修、王安石、苏洵、苏轼、苏辙、曾巩等 6 人，继承、巩固了韩愈和柳宗元发起的古文运动的成果，并加以发扬光大，使得中国的古文创作在宋代呈现出蓬勃发展、百花齐放的盛大气象，取得了丰硕的成果。

“唐宋八大家”掀起的古文革新浪潮，颠覆了魏晋以来流行的形式华丽、内容空洞的骈文文风，为当时的文坛带来了一股清新的空气，使诗文发展的陈旧面貌焕然一新，兼有文学革新和思想启蒙的双重意义。

唐宋八大家不仅是一个文学名词，更是中国文学史上的一座高峰。

范仲淹

范仲淹（989—1052 年），祖籍邠州（今陕西省彬州市），生于徐州，后移居苏州吴县（今属江苏省苏州市），唐朝宰相范履冰之后，北宋政治家、文学家。

范仲淹年幼丧父，母亲谢氏带着幼小的范仲淹改嫁淄州长山（今山东省邹平市长山镇）人朱文翰，此后范仲淹改姓，取名朱说。范仲淹长大后得知自己的身世，非常伤感，在 23 岁那年辞别母亲，独自前往应天府（今河南省商丘市）求学，潜心苦读。

大中祥符八年（1015 年），27 岁的范仲淹赴京城汴梁（今河南省开封市）参加科举考试，进士及第，先后被任命为广德军司理参军（掌管讼狱、案件事宜）、文林郎、集庆军节度推官。他将母亲接到自己身边奉养，并归宗复姓，恢复范仲淹之名。

之后，范仲淹历任兴化县令、秘阁校理、陈州通判、苏州知州、权知开封府等职，因上书直谏，弹劾宰相吕夷简，被贬出京城。宝元二年（1039 年），西夏国王李元昊率兵进犯宋朝边境，宋夏战争爆发。康定元年（1040 年），宋仁宗将范仲淹召回京城，升其为龙图阁直学士，与韩琦同任陕西经略安抚招讨副使，率军抵御西夏的进攻。范仲淹到任后，采取“屯田久守”方针，改革军制，训练部队，修复城池，加强战备，多次击败西夏军队的进攻，威震边疆，巩固了西北边防。

庆历三年（1043年），李元昊请求与北宋议和，范仲淹被召回京城，先后被授以枢密副使之职、参知政事之职。范仲淹上书提出改革建议，得到宋仁宗的支持，发起“庆历新政”，推行改革。由于保守派的反对及新政的失误，“庆历新政”最终流产，范仲淹被贬离京，历任邠州、邓州、杭州、青州知州。皇祐四年（1052年），范仲淹改任颍州知州，带病上任，途中不幸逝世，享年64岁。宋仁宗追赠兵部尚书，谥号“文正”，世称“范文正公”。

范仲淹文武兼备、谋略过人，在政治、军事、文学、教育等方面都取得了突出的成就。千百年来，他倡导的“先天下之忧而忧，后天下之乐而乐”思想和节操，被无数仁人志士奉为自己的人生座右铭，在当时及后世均产生了深远的影响。

第二章

年少轻狂，大梦一场

苏轼因才华出众，受到宋英宗的赏识，先后被授予凤翔判官、殿中丞直史馆之职。不久，结发妻子王弗、父亲苏洵先后去世，苏轼十分悲伤，离京回乡为父亲守孝。等他再次回到京城，朝廷局势已经发生变化，刚继位的宋神宗任用王安石为宰相，推行变法。生性耿直的苏轼，不断上书陈述变法的弊端，结果得罪了变法派，遭到御史弹劾。苏轼不得已自请外任，想要远离京城这个是非之地。

风雨对床手足情

在准备制科考试时，苏轼和苏辙曾搬到怀远驿站，潜心攻读。

一天晚上，他们一起读诗，读到唐代诗人韦应物的《示全真元常》，其中有这么一句："宁知风雨夜，复此对床眠。"这句话的意思是在风雨潇潇的夜晚，彼此对床畅谈，多么惬意，日后不知何时才能重拾这样的快乐时光。

兄弟二人读后都颇为感慨。他们相差两岁，从小形影不离，一起读书，一起玩乐，同吃同睡。如今即将踏上仕途，将各自宦游千里，不知何时才能重温对床夜话的温馨时光。于是他们约定：日后完成仕途宏愿后早日归隐，一起返乡，共叙手足之情。此后，他们无数次在互相赠送的诗篇中提起这个约定，作为天各一方的坎坷仕途中聊以自慰的希望之光。

制科考试结束，兄弟二人均获得了任命，但苏轼却为此发了愁："我们两人，一个到凤翔，一个到商州，留下老父亲一个人在京，这可如何是好？"

苏辙早已拿定了主意，他安慰苏轼说："兄长不必忧愁，我可以留下来照顾父亲，您就放心去赴任吧。"

苏辙随即上奏请求留在京城。宋仁宗感念其孝心可嘉，同意他暂不赴任。

不久，苏轼携妻子王弗，离京前往凤翔赴任，苏辙为他们送行。这是苏轼、苏辙兄弟俩人生中的第一次离别，二人难舍难分，苏辙一直送到百里之外，苏轼对他说："子由，回去吧！"

"兄长嫂子，一路保重！"苏辙依依不舍地和兄嫂告别。

苏轼目送苏辙远去，直到他的身影渐渐模糊才转过身，又不由得一阵感伤，潸然泪下。

苏辙在返京途中路过渑池（今河南省三门峡市渑池县），想起当年自己与兄长进京赶考曾路过此地，在寺庙里借宿，得到寺中住持奉闲和尚的热情接待，临别时，兄弟二人在寺庙的墙壁上题诗留念。往事涌上心头，苏辙想到兄长远赴他乡任职，从此二人天各一方，心中一阵苦涩，于是挥笔写下一首诗，寄给苏轼：

怀渑池寄子瞻兄

相携话别郑原上，共道长途怕雪泥。
归骑还寻大梁陌，行人已度古崤西。
曾为县吏民知否？旧宿僧房壁共题。
遥想独游佳味少，无方骓马但鸣嘶。

苏轼读到这首诗时，正站在冰雪覆盖的平原上，看着雁群从头顶上飞过，内心感慨不已。于是，他和了一首诗寄给苏辙：

和子由渑池怀旧

人生到处知何似，应似飞鸿踏雪泥。
泥上偶然留指爪，鸿飞那复计东西。
老僧已死成新塔，坏壁无由见旧题。
往日崎岖还记否，路长人困蹇驴嘶。

这首诗是苏轼的代表作之一，诗人内心的强大、达观的人生底蕴已展示出来。他说人生如飞鸿，到这里，又到那里，偶尔会留下一些痕迹，就像飞鸿偶尔在某处的雪地上落脚留下脚印一样。身在何方皆是偶然，不如随遇而安，用梦想来缓解怀念，以乐观来化解烦恼。

兄弟分离使苏轼想到人生无常，于是他以一种超然物外的心态来对待眼前事。苏轼的人生观如此，其劝勉爱弟的深意亦如此。

尽管兄弟二人性格截然不同，苏轼冲动、狂放、健谈，苏辙冷静、自持，不如兄长活跃，但这并不影响他们成为彼此的良师益友、志同道合的伙伴。

此后 3 年，苏轼一直在外为官，苏辙则在京城精心侍奉父亲。对于自己不能在父亲身边侍奉的遗憾，他既感到内疚，又对弟弟由衷地表示感激。

在凤翔任上，苏轼结交了一些朋友，但因为他性格耿直，有时难免会与朋友产生一些不愉快。愁闷之余，他思念家人的情感日益浓烈，与弟弟苏辙的书信往来成了他唯一的精神寄托。当时，从京城到凤翔，寄出的信要 10 天左右才能送达，所以他们差不多每个月互相寄诗一首，在诗中相互唱和、彼此勉励。和诗时，他们很讲究同韵同字，对诗作的把握和语言的运用更加娴熟。

苏轼、苏辙两兄弟一生宦游千里，漂泊四方。40多年中，他们抓住一切机会相聚。但毕竟山高水长，大部分时间他们只能凭借鸿雁传书，聊解思念之情。兄弟二人在几十年跨越时空的交集中，始终携手前进，从未因遭遇挫折而影响手足之情及彼此引为知己的信念。

新官上任凤翔府

嘉祐六年（1061年）十二月十四日，苏轼经过近1个月的长途跋涉，终于抵达凤翔，并马上开始了工作。

经过走访调查，苏轼了解到，凤翔官府每年都命令百姓砍伐树木，编成木筏放入渭水，经黄河运往汴京，供皇室使用。但是，由于黄河河道曲折、水流湍急、河水暴涨等原因，很多木筏在运输过程中或是损坏严重，或是丢失。这样一来，老百姓就要自己贴钱给官府，甚至被判刑，苦不堪言。

如何解决这个问题呢？苏轼走访调查的时候，有个在当地河口摆渡的艄公告诉他：“运送木筏的问题其实是可以解决的，只要官府安排好时间，在渭水、黄河涨水前放筏，就可以将木筏的损失率降到最小，服役的老百姓也不用承担那么大的风险。”

苏轼仔细研究后，认为艄公提的建议很有道理，于是让老百姓自主选择木筏下水的时间。结果证明这个方法是可行的，木筏的损失率降低了一半以上。

苏轼还时常下乡了解民生疾苦，为老百姓做了许多实事和好事，如改革衙前之役，推行“官榷与民”，查决讼案，减决囚犯，赈济灾荒，疏浚东湖，改善漕运等。

工作之余，苏轼也参加一些社交活动，在凤翔结交了不少新朋友，与上司宋选相处也很融洽。然而，随着新知府的到来，情况发生了变化。

嘉祐八年（1063 年）正月，凤翔知府由原任京东转运使的陈希亮担任。陈希亮于天圣八年（1030 年）进士及第，和欧阳修是同榜进士。他为官正直，执法严明，极重威严，不计个人得失，官员们都很畏惧他，但是百姓们都非常敬重、爱戴他。

说起来，陈、苏两家原是世交，论辈分，陈希亮比苏洵还长一辈，苏洵应称他“叔叔”。苏轼作为陈希亮的下属，自然免不了要经常与他打交道。

苏轼参加制科考试时，考的是“方正贤良直言极谏”科，他到凤翔任职后，府衙中的吏役为了表示对他的敬重，尊称他为“苏贤良”。但陈希亮认为苏轼年少得志，不免张扬，怕他以后在官场吃亏，有意要挫挫苏轼的锐气。

有一次，一个府吏在陈希亮面前谈起苏轼，话里话外透露出对苏轼的赞赏和仰慕：“苏贤良的文章真是天下一绝……”

“哪个苏贤良？”陈希亮打断府吏的话。

府吏答道：“就是签判大人苏大人啊。”

陈希亮听了脸色一沉，斥责道：“签判就是签判，有何贤良可言？”当即命令衙役用刑杖责打这个府吏。

这件事传到了苏轼耳中，苏轼感到十分难堪。不仅如此，有时苏轼登门求见陈希亮，陈希亮故意避而不见。

有时府中做斋醮（道教设坛向神祈祷，求福免灾）活动，陈希亮让苏轼写祈祝文。每次苏轼写好祈祝文上交后，陈希亮却不满意，改来改去，最后将苏轼写的祈祝文改得面目全非。几次下来，苏轼认为陈希亮是故意打压自己，因此除了处理公务，他尽量不与陈希亮接触。

七月十五中元节，按照惯例，官府要在衙门举行聚会。苏轼因为讨厌陈希亮，故意不去参加。在场的官员们议论纷纷：“苏轼做人也太狂妄了，一点面子都不给知府大人！”陈希亮听了，也觉得脸上难堪。

事后，陈希亮抓住这一点，上书弹劾苏轼，说苏轼傲慢无礼，对上司大不敬，导致苏轼被朝廷罚铜 8 斤。此事更加深了苏轼对陈希亮的成见。

久而久之，两人之间不断产生一些小摩擦，以致双方之间的隔阂越来越大。

不久，陈希亮在自己的寓所后院筑了一个观景台，取名为“凌虚台”。他让苏轼写一篇文章，纪念凌虚台的建成。苏轼正憋着一肚子气，决定乘此机会好好戏谑陈希亮一番。略作沉思后，他写下了流传至今的《凌虚台记》，大讲废兴成毁之理。在文中，他将凌虚台推至茫茫时空之中，将有化为无，将实变为虚：往日是荒草田野，今日是凌虚台，这是从无到有；然而，今日是凌虚台，明日又是荒草田野，又将有化为无。

写到这里，苏轼仍不解气，继续将眼前的凌虚台置于滚滚的历史长河中，指出历史上曾经辉煌一时的宫殿如今都荒废了，何况是凌虚台。“夫台犹不足恃以长久，而况于人事之得丧”一句，道出了他对陈希亮的不满，由物及人，暗讽陈希亮建凌虚台是在粉饰门面，沽名钓誉，但终归枉费心机，因为凌虚台尚且不能长久，何况是人事。

陈希亮读完《凌虚台记》，自然感受到了苏轼是在借古讽今，嘲讽自己。但陈希亮没有生气，认为苏轼的文才出众，而且宁折不弯的性子很像自己。他命人将《凌虚台记》一字不改地刻在石碑上，立于凌虚台旁。

对于陈希亮的做法，苏轼大惑不解，陈希亮身边的人也感到不解。陈希亮却认真地说：“论辈分，我比苏洵年长一辈，我待苏轼就像对待自己的孙子一样。我平日里之所以对他如此严厉，是担心他年少骄纵，犯下大错。这是我不愿意看到的事情。”

看着《凌虚台记》被一字不漏地刻在石碑上，听到陈希亮所说的话，苏轼渐渐体会到了陈希亮“苛待”自己的用意，进而对他生出敬仰之情。

苏轼后来跟陈希亮的幼子陈慥交谊深厚。陈慥是陈希亮的第四子，性情豪爽，嗜酒好剑，喜欢宴游，广交朋友。陈慥敬佩苏轼的率真和文采，苏轼也欣赏陈慥的洒脱和豪爽，两人经常在一起饮酒畅谈，指点江山，说古论今，引为知己。

陈希亮去世14年后，陈慥请苏轼为其父亲撰写墓志铭，苏轼毫不犹豫地答应了，挥笔写下《陈公弼传》。苏轼一生只为别人写过7篇墓志铭，皆有特别的理由。除了名满天下的司马光墓志铭外，他为陈希亮写的墓志铭内容是最长的。

在收集陈希亮的生平事迹时，苏轼发现了陈希亮身上许多令人敬佩的地方：不畏权贵，敢于惩治皇亲国戚，抓捕作恶的国师；与叛军决战时，身先士卒，拉满弓箭震慑敌军；饥荒来临时，甘冒风险，私开仓库借粮给百姓……

再回想起自己过去与陈希亮之间发生的不愉快，苏轼不禁感到后悔："那个时候，我年少气盛，固执迂腐，不懂世事，多次与陈太守发生争执，愤怒之情溢于言表。对此我感到十分后悔。"语言非常诚恳。

多年后，每当有人夸赞苏轼才能突出、政绩卓著时，他总是充满感激地说："这都是从我的恩师欧阳修和陈希亮那里学来的！"

任职京城图书馆

宋英宗治平二年（1065年）正月，苏轼在凤翔的3年任期已满，即将回京接受新的任命。

苏轼一行一路奔波，风尘仆仆地回到京城。再次见到父亲和弟弟，苏轼喜极而泣，感受着与家人团聚的幸福。

此时，宋英宗已继位。苏轼想起当年宋仁宗亲临崇政殿主持策问，以及宋仁宗对自己的赏识与器重，内心伤感不已。

宋英宗在做藩王时就对苏轼的名气有所耳闻，想将他召入翰林院。然而，任命诏书还未下达，宰相韩琦就第一个站出来反对。他对宋英宗说出了自己的看法："苏轼才华横溢，将来必成大器，担当天下大任。关键在于朝廷要培养他，使天下的士人敬畏他并希望朝廷重用他。那时再将苏轼招来加以重用，大家就不会有什么异议了。但现在他资历尚浅，突然授予他如此高的官衔，其他人未必会服气，反而使他受到不必要的非议。"

韩琦其实也是出于保护苏轼，认为苏轼虽然才华超群，但突然让他担任皇帝的高级顾问，于情于理都说不通。

宋英宗也认为韩琦说的有道理，略作思考后，又说："那让他担任修起居注（记录皇帝起居言行的官员）一职如何？"

韩琦仍然表示反对："这个职位跟制诰的性质很相近，皇上还是要让他多加历练，等他的阅历、工作经验都丰富了，再加以提拔。"

宋英宗说："既然如此，爱卿有何建议？"

韩琦推荐苏轼到史馆去任职，并且提议要对他进行考核。苏轼知道韩琦的意见后，诚恳而又感激地说："韩大人真是用德行来爱护人的呀。"

其实，不管是到翰林院还是到史馆中工作，苏轼都乐于接受，因为这样他就可以留在京城，照顾年迈的父亲。这也意味着，弟弟苏辙可以去外地做官了。1 个月后，苏辙被任命为大名府（今河北省大名县东南）推官（掌管狱讼事务）。

不久，苏轼也通过了考核，入直殿中丞直史馆。当时史馆的官员需要轮流在宫中图书馆工作，而宫藏的珍本书籍、名人手稿、名家绘画，对于热爱读书、绘画的苏轼来说，简直是珍馐美馔。

爱妻病逝痛断肠

正当苏轼全力以赴地投入史馆的工作中，憧憬美好的未来时，一场不幸突然降临。

治平二年（1065年）五月初八，苏轼的妻子王弗病逝，年仅27岁，留下7岁的儿子苏迈。

王弗与苏轼度过了琴瑟和谐的11年婚姻生活。纵观王弗陪伴苏轼的这11年，王弗是他的贤内助，是灵魂知己，也是他的保护神。

苏轼进京赶考，王弗独自一人操持家中的所有事务，照顾婆婆，使苏轼没有后顾无忧。婆婆去世时，苏轼父子3人正在汴京参加朝廷举行的考试，家中没有男丁，一切全靠王弗。

苏轼到凤翔为官时，王弗也随同前往。她知道丈夫天性豪迈，脾气有点急躁，而且大事聪明、小事糊涂，所以苏轼每次在外办事回来，王弗一定仔细询问每件事情的来龙去脉，并经常提醒他遇事要冷静，多思考。

那时苏轼年轻、直爽，认为天下无坏人，好在王弗很有知人之明。苏轼在家里会见客人，王弗便站在屏风后面听他与客人谈话。等客人走后，她再和苏轼分析他与客人的谈话内容，帮助丈夫判断，什么人可交，什么人不可交。

一天，家里有客人来访，王弗站在屏风后面听了一会儿，等客人走后，她问苏轼："你刚刚在谈话中有没有注意到，这个人和你说话时观点模棱两可，先确定你的想法，再顺着你的意思来说。这种人擅长逢迎拍马，不是与你真心相交的人啊。"

对于因为有事相求而故意亲近苏轼的人，王弗也会提醒苏轼："这些人是不能长久做朋友的，一个人快速与你成为至交不合常理，要提防这些速成的交情。"

苏轼和王弗情深意笃，恩爱有加，甘苦与共，相濡以沫。王弗突然撒手人寰，对苏轼造成了巨大的身心打击。每当想起与妻子在一起时的点点滴滴，苏轼就悲从心来，放声痛哭，也唯有诗词能寄托对妻子的思恋。

护父灵柩返故乡

然而天意弄人，苏轼的爱妻王弗去世的第二年苏轼又一次遭受巨大的打击——父亲苏洵于治平三年（1066 年）四月二十五日病逝，终年 58 岁。

这年三月，苏洵刚刚编撰完成《太常因革礼》100 卷。在治学过程中，苏洵一直致力于《易经》的研究，晚年读《易经》颇有心得，想写一本《易传》。他曾自信地对欧阳修说："《易传》写出来，将是自《易经》以来又一篇大作。"可惜他来不及做这件事了。

临终前，苏洵嘱咐苏轼说："我写的《易传》还没有完稿，你们兄弟二人以后要继续写，付梓成书。还有，你们的伯父苏澹早逝，子孙未立；姑母去世，还没有安葬，你们兄弟要妥善安排照顾他们的后人。"苏轼含泪点头。

苏辙听到父亲去世的噩耗，匆匆从大名府赶回汴京，兄弟二人见面，失声痛哭。

苏辙哽咽着说："父亲早年仕途不顺，后来发愤读书，终于在老年谋得一官半职。眼看生活越来越好，他老人家可以享几年清福，没想到一切都成了奢望……”说到这里，苏辙悲痛难抑，泣不成声。

听了弟弟的话，苏轼内心更加悲痛。短短几年，他便失去了 3 位至亲，不禁感叹岁月无情、人生无常。

宋英宗还下诏赏赐苏轼、苏辙，以安慰他们失亲之痛。但苏轼拒绝了赏赐，希望皇帝能赐给父亲一个官爵，让他“衣锦还乡”。于是，宋英宗特赐苏洵为光禄寺丞（光禄寺卿的佐官，掌管衙署内部事务），并让官船运送苏洵的灵柩回乡安葬。

苏洵虽然在官场上蹉跎坎坷，但是才气过人，他的文章获得了欧阳修等多位政坛、文坛名人的大力称赞。苏洵生病时，欧阳修一连写了 3 封信问候他，后来还亲自给苏洵写墓志铭。苏洵去世后，司马光不仅前来吊唁，还应苏辙的请求，为已经去世 8 年的苏洵之妻程氏撰写墓志铭。

同年六月，苏轼和苏辙护送苏洵、王弗的灵柩回乡，将他们葬在老翁泉边。苏轼为王弗撰写了墓志铭，其中的“余永无所依怙”一句，道出了他对失去王弗的无限哀恸：失去你就等于失去了永远的依靠。平静的语气中饱含着无限的悲痛。

接下来便是漫长的丁忧。2 年间，苏轼在父母和妻子的墓旁种了许多柳树，希望这些柳树能够一直陪伴父母和妻子，就如同自己陪伴着他们。

按照父亲的遗愿，服丧期满后苏轼在被贬黄州的时候开始写作《易传》，历经多次修改，终于在弥留之际成书，这已是后话了。

续娶贤妻王闰之

熙宁元年（1068 年），苏轼和苏辙丁忧期满，可以返回汴京了。离开故乡时，因为苏轼的长子苏迈年幼，家里不能一日无母，于是苏轼续娶了王弗的堂妹王闰之。

王闰之嫁给苏轼时，已经 21 岁了。宋代女子如果不是服丧在身，十四至二十岁就可以出嫁，王闰之为何 21 岁还待字闺中呢？原来，3 年前王弗病危时，苏、王两家已经议定，将王闰之嫁到苏家，给苏轼当继室。而王闰之因为从小倾慕姐夫的文采和人品，也感动于他对堂姐的一片深情，所以接受了这门亲事。

王闰之性格温柔，为人随和，贤惠识礼，善于持家，结婚后对苏迈视如己出，后来还为苏轼生了 2 个儿子——次子苏迨、三子苏过。在苏轼宦海浮沉的生涯里，王闰之与他同甘共苦，毫无怨言，陪伴苏轼走过了他人生中重要的 25 年，两人风雨同舟、荣辱与共。

王闰之从家乡眉山来到京城，尔后跟随苏轼辗转于杭州、密州（今山东省诸城市）、徐州、湖州（今浙江省湖州市）、黄州（今湖北省黄冈市黄州区）、汝州（今河南省汝州市）、常州、登州（今山东省烟台市蓬莱区）、颍州（今安徽省阜阳市颍州区）扬州、开封等地，可谓“身行万里半天下”。这也是苏轼人生中起伏最大的一段时期，可以说是历经人生坎坷，阅尽世态炎凉，遍尝人间冷暖。在生活最困难的时候，王闰之和苏轼一起采摘野菜，赤脚耕田。

从苏轼写的一首诗，可以看出他们当时坎坷的经历：

小儿

小儿不识愁，起坐牵我衣。

我欲嗔小儿，老妻劝儿痴。
儿痴君更甚，不乐愁何为。
还坐愧此言，洗盏当我前。
大胜刘伶妇，区区为酒钱。

此时，苏轼刚到密州担任太守，正值当地蝗灾、旱灾交相为虐，百姓饥馑，民不聊生之际。到任后，他马上投身灭蝗行动之中，接着扶困济危，四处奔波忙碌，几乎到了心力交瘁的地步。

因为公事烦扰，他难免心情烦躁。诗中的“小儿”是指王闰之在杭州生的苏过，当时年仅 3 岁。苏过看到父亲从外面回来，就过去拉扯父亲的衣裾，缠着父亲玩闹。

但苏轼在外面忙了一天，身心俱疲，又累又饿，正想坐下来好好休息一下。面对儿子的缠闹，苏轼忍不住斥责了几句。

王闰之见状，连忙走过来抱起儿子，柔声劝慰苏轼：“你和孩子生什么气？我看你比孩子还傻呢。整天愁眉苦脸有什么用，我去温点酒来给你喝，开心一点吧。”

她的话中既有责怪，又有对丈夫、儿子的关怀。

随后，她给苏轼温了一壶酒，沏上新茶，用融融暖意让苏轼回到家庭的温馨之中。

苏轼与王闰之相伴二十几年，常以“老妻”称呼王闰之。然而，长年累月的颠沛流离和操劳过度，使得王闰之的身体变得愈来愈差，导致她于元祐八年（1093 年）46 岁时就离世了。

王闰之的离世，让苏轼痛断肝肠，挥泪为王闰之写了一篇祭文，其中写道：“妇职既修，母仪甚敦。三子如一，爱出于天……曾不少须，弃我而先。孰迎我门，孰馈我田。已矣奈何，泪尽目干。旅殡国门，我实少恩。唯有同穴，尚蹈此言。呜呼哀哉！”

苏轼的悲痛之情溢于言表。这篇祭文感情真挚，表达了苏轼对王闰之的无限依恋之情。

王闰之去世后，其灵柩一直停放在京城西边的一座寺院里。8 年后苏轼去世，苏辙遵照他的遗愿，将他与王闰之合葬于嵩山南麓汝州郏城县（今河南省郏县）钧台乡，实现了其在祭文中所说的与王闰之“唯有同穴”的愿望。

上书直谏遭弹劾

熙宁元年（1068 年）腊月，苏轼把照顾父母坟茔等事托付给堂兄和邻居后，整理行装，携家眷自陆路返回京城。从此，他再也没能踏上故乡的土地。

此时正值大宋王朝深入推行改革之际。宋英宗在位仅 4 年便因病驾崩，传位于宋神宗。宋神宗即位后，面对的是内忧外患、国库空虚的局势：机构臃肿、人浮于事，军费开支庞大，每年要供给辽国和西夏大量岁币，国家财政年年亏空；百姓由于赋税徭役加重，地主豪强兼并土地、实施高利贷盘剥，日子苦不堪言，屡屡发起暴动反抗。

初登帝位的宋神宗，血气方刚，深信只有变法才是解决国家当前危机的唯一办法。他大胆任用王安石，全力推进新法，以革新弊政，发展社会经济，增加国家税收，充盈国库。

熙宁二年（1069 年），一场旨在改变北宋积贫积弱局面的社会改革运动，以汹涌澎湃之势在全国范围内展开。

从变法一开始，北宋朝廷中就形成了两大派别，一派是以王安石为核心的变法派，另一派是以翰林侍读学士司马光为核心的反对变法的保守派。

对立两派的领袖王安石和司马光，无论是在德行，还是才能上，都可以作为世人的楷模。他们两人也彼此欣赏，互相尊重。但是在治国理政方面，两人却持有截然不同的看法。王安石主张废除旧法，实施新法，发展生产，广开财源。司马光则反对改变旧法，主张在维持现有法律制度的前提下，节俭用度，以拯救国家的财政危机。双方各持己见，互不相让，进行了激烈的斗争。

正是在这一背景下，苏轼和苏辙兄弟被宋神宗召回朝廷，委以重任。苏轼任殿中丞、直史馆授官告院，兼判尚书祠部。苏辙则直接进入变法革新的核心阵营——制置三司条例司（北宋变法期间临时设立的主持变法的官署，熙宁变法开始时的决策机构），协助王安石变法。

随着新法的推行，朝廷局势迅速发生了变化。苏轼的许多师友包括赏识他的恩师欧阳修在内，因为与王安石政见不合，被迫离京。司马光也自请离京，到陕西担任地方官，到第二年更是退居洛阳，此后15年间开口不谈国事，只是闭门著书，最终完成了史学巨著《资治通鉴》。苏轼的弟弟苏辙，因为对王安石制定的青苗法有异议，多次力争，触怒王安石，被外放为陈州（今河南省周口市淮阳区）学官。

苏轼一开始对变法采取观望态度，但后来看到新法在推行过程中出现了诸多弊端，官府巧立名目向百姓征收赋税，“夺穷民之铢累”，导致民苦于役，于是毅然站在了反对变法派的一边。他连续上书陈述变法的弊端，希望宋神宗能够加以重视，及时采取措施，制止地方官府的扰民、害民行为。

熙宁二年（1069 年）五月，苏轼写了一道名为《议学校贡举状》的奏折，极力反对科举变革，唯独赞同废除诗赋试题。苏轼的这道奏折引起了宋神宗的重视，他立即召见苏轼，问道：“苏爱卿，当今政策法令的得失在哪里？即使是朕的过失，你也可以指出来。”

“陛下英武神明，上天赐予文才武功，不用担心不明察，不用担心不勤政，不用担心不决断，只担心治理事务太急躁，被群臣之言左右，提拔官员太快速。”苏轼直言不讳地说，“希望陛下能无为而治，等待问题的出现，然后加以处理。”

宋神宗听了十分震惊，对苏轼说：“爱卿的话，朕要好好想想。凡是在馆阁的人，都应当为朕认真思考治乱之策，不要有所隐瞒。”

熙宁三年（1070 年）正月，元宵节即将到来，宋神宗要在汴京大办元宵灯会，于是下令开封府派人到浙江购买花灯，而且要求低价购买。苏轼得知消息，急忙向宋神宗上呈《谏买浙灯状》进行劝谏："陛下一心效法尧舜，崇尚节俭，没有必要为举办元宵灯会如此铺张。陛下为了让皇太后高兴，欲大办灯会，令人感动，只是采购花灯的方法却不太合适。做灯的百姓靠卖灯生活，陛下为民父母，唯可添价贵买，岂可减价贱酬？此事虽小，但影响很大，希望陛下能收回成命。"

宋神宗接受建议，取消了购灯计划，这让苏轼感动不已。

同年十二月，苏轼再次上书，希望宋神宗能够"结人心、厚风俗、存纪纲"。

在"结人心"方面，苏轼主要是从"人心不乐"的角度，逐条否定农田水利、差役、青苗等新法，矛头直指王安石变法的决策机构——制置三司条例司。

在"厚风俗"方面，苏轼指出："国家存亡的原因，在于君臣道德的深浅，不在于国家的强大和弱小；朝代长短的原因，在于国家风俗的厚薄，不在于国家的富裕和贫穷。君主如果懂得这些，他就会知道事情的轻重。"这一番话可谓至情至理。接着，苏轼又摆出了一系列无可辩驳的历史事实，规劝宋神宗“崇道德而厚风俗”，不要“急于有功而贪富强”。

关于朝廷如何“存纪纲”，苏轼主张国家权力要做到平衡。除了平衡，还有一点非常重要，即保护言论自由，尤其是台谏的言论自由。他说：“历观秦汉以及五代，因为进谏而死的谏官有几百人。而自建隆以来，很少有御史和谏官被治罪，允许他们将所见所闻上奏，而不论涉及什么官职。御史和谏官如果批评皇帝，皇帝就要端正态度听取；如果批评朝廷政策，那宰相就得听候处理。”

当然，御史和谏官未必个个都是贤人，所说的也不一定全部正确，那他存在的意义是什么呢？苏轼给出了解释：“他能把奸邪消火在萌芽之中，避免皇帝身边有奸臣弄权。”他认为，谏官有了言论自由，才能监督王朝纲纪。

但这些建议并没有引起宋神宗的重视，苏轼的上书如石沉大海，杳无音信。苏轼没有放弃，继续上书指出新政弊端，反对变法。

次年三月，苏轼又一次上书。此前，宋神宗已临时下诏，严禁强行推广青苗法，但是他并不打算废除全部措施。在奏折中，苏轼引用孟子的话：“这样做就像一个偷鸡贼想要改过向善，于是决定每个月只偷一只鸡一样。”这让宋神宗和王安石都很不高兴，但他们也没有打算处罚苏轼。

之后，在一次乡试中，苏轼的一个举动彻底得罪了变法派。他出了一道名为“论独断”的考题：“晋武帝平吴因独断而成功，苻坚进攻东晋因独断而灭亡；齐桓公专任管仲而成就霸业，燕哙专任子之而失败，事情相同而效果相反，这是为什么呢？”

很快，弹劾苏轼的奏折便到了宋神宗手里。御史谢景温在奏折中说：“苏氏兄弟运送亡父灵柩，乘船回四川老家途中，曾滥用官家的兵卒，购买家具瓷器。他们还可能偷运了私盐，从中牟利。”但朝廷经过调查，发现并无此事。

苏轼意识到京城乃是非之地，继续待下去很可能会引来大祸，于是主动提出外调为官。依照苏轼当时的政绩，宋神宗想让他担任知州之职，但王安石和谢景温却强烈反对，说苏轼只适合担任附近一县的通判。最终，苏轼被调为杭州通判。

历史知识小贴士

司马光

司马光（1019—1086 年），陕州夏县涑水乡（今山西省夏县）人，生于光州光山（今河南省光山县）。北宋名臣，著名政治家、史学家、文学家。

司马光自幼聪颖好学，7 岁就能背诵《左氏春秋》，并且做出了“砸瓮救友”的惊人之举，闻名远近。年少时，他随父亲辗转河南、陕西、四川等地，丰富了社会阅历，为他日后撰写《资治通鉴》打下了坚实的基础。

宝元元年（1038 年），20 岁的司马光参加会试，高中进士甲科，历任华州（今陕西省华县）判官、苏州判官、大理评事、国子直讲、开封府推官、起居舍人、谏议大夫、翰林院学士、御史中丞等职。宋神宗即位后，重用王安石为参知政事，主持变法，司马光竭力反对，于熙宁四年（1071 年）退居洛阳，不问国事，专心编撰《资治通鉴》。元丰八年（1085 年），宋神宗驾崩，宋哲宗即位，高太后临朝听政，将司马光召回朝廷，任命他为尚书左仆射兼门下侍郎（副宰相），主持国家大事。司马光上任后极力排斥新党人士，起用旧党成员，废除王安石变法期间实施的新法。元祐元年（1086 年），司马光病逝，被追赠太师、温国公，谥号“文正”。

司马光为人忠直清廉，低调淡泊，且学识渊博，治学严谨，在经、史、文、哲等领域都取得了较高的成就，著有《稽古录》《涑水记闻》《资治通鉴》等书。其中，《资治通鉴》规模宏大，卷帙浩繁，是中国第一部且最大的一部编年体史书，对后世史书的编撰及史学的发展产生了深远的影响。

《资治通鉴》

《资治通鉴》，简称《通鉴》，是由北宋著名史学家司马光担任主编，在刘攽、刘恕和范祖禹等人的协助下，历时 19 年编纂完成的一部规模空前的编年体通史巨著。

《资治通鉴》一开始取名为《通志》。司马光编写完前 8 本时，将其进献给宋神宗。宋神宗看后，认为此书“鉴于往事，有资于治道”，于是赐名《资治通鉴》，并亲自作序。

全书采用纲目体形式，以时间为纲，事件为目，记述了周威烈王二十三年（前 403 年）至后周世宗显德六年（959 年）涵盖 16 朝 1362 年的历史，同时附有司马光及历代贤哲的历史评论 218 篇。全书分为 294 卷，约 300 万字，引用的史料极为丰富，除了十七史之外，还有各种杂史、私人撰述等。据清代的《四库提要》记载，《资治通鉴》引用前人著作 322 种，可见其取材广泛，具有极高的史料价值。

《资治通鉴》是中国第一部大型编年体通史，在中国官修史书中占有极重要的地位，与司马迁的《史记》并称“史学双璧”。《资治通鉴》自成书以来，一直受到各界人士的追捧，点评批注它的人数不胜数。书中所蕴含的治政之道、权谋智慧、管理经验、用人智慧、处世艺术等，至今仍具有重要的参考价值，被人们视为学习历史、汲取智慧，参悟治国理政、修身齐家之道的经典之作。

第三章

治理三州，造福苍生

苏轼自请外任，得到宋神宗的准允，先后担任杭州通判、密州知州、徐州知州。赴任后，苏轼勤政爱民，关心百姓疾苦，为百姓做了很多好事实事，政绩卓著。在杭州，他奔走于四乡八县，防涝抗旱、赈济灾民；在密州，他组织民众灭蝗抗旱；在徐州，他筑堤抗洪，保障民众安全，被称为“亲民太守苏徐州”。

故乡无此好湖山

熙宁四年（1071 年）七月，苏轼携家眷离开京城，到杭州任职。

远离京城这个钩心斗角的权力中心，对苏轼来说未尝不是一件幸事。他上书揭露新政过失，得罪了宋神宗、王安石等变法派，在朝廷中也确实待不下去了。种种不舍与不甘化作绵绵思绪，无处抒发，但他内心的志向依然没有动摇。

南下途中，苏轼路过陈州，与弟弟苏辙相会，并在苏辙家中住了 70 多天。

苏辙家里贫穷，住宅低矮，与苏辙高大的身材形成强烈对比，苏轼为此还曾写过一首《戏子由》苦中作乐：“宛丘先生长如丘，宛丘学舍小如舟。时常低头诵经史，忽然欠伸屋打头。”虽是“戏”，实是称赞苏辙。

这段时间，兄弟二人或到柳湖去划船，或到乡间散步，无所不谈。谈到朝政时，苏辙劝诫道："哥哥，你以后说话应当有所保留，不要总是直白地讲出自己的主张，写文章也不要直抒见解，要注意收敛。"

苏轼说："我知道自己心直口快。我如果认为某件事不对，就非要说出来不可。"

"那你也应该先判断一下谈话的对象是否值得信任。"苏辙提醒他道。

苏轼同意弟弟的观点："这是我的弱点。我太容易相信别人，不管跟谁讲话，都喜欢吐露心声。"

苏轼离开陈州时，苏辙将苏轼一家送到70里外的颍州。兄弟俩一同拜访了退隐后在颍州居住的欧阳修。欧阳修见到自己一手提携的后生，十分高兴。师生3人一起作诗、饮酒，终日畅谈，欢聚20余日。

熙宁四年（1071年）十一月二十八日，苏轼带着家眷抵达杭州，住进了位于凤凰山的公馆。

一到杭州，苏轼就沉醉于杭州的山水之中，感受到了许久不曾有过的宁静。苏轼热爱杭州的一切。对他来说，杭州就是他的第二故乡。

初来乍到，苏轼没有同游的朋友。他想起在颍州时，欧阳修再三向他提起名僧惠勤住在杭州西湖的孤山寺中，决定前往拜访。

苏轼来到西湖边，遥望耸立湖中的孤山，只见山上云雾缭绕，亭台楼阁时隐时现，宛如仙境一般。他兴致勃勃地沿着盘旋曲折的小路拾级而上，来到孤山寺。孤山寺的清幽朴素、洁净安宁给了苏轼莫大的惊喜，两位高僧惠勤、惠思正如他想象的那样超尘脱俗。宾主相见，开怀畅谈，十分欢愉。

一天，苏轼与著名词人张先同游西湖。张先此时已年过80，但精力旺盛，思维活跃。两人乘船漫游西湖，突然听到一阵筝声，不禁心情大悦，同赋一词：

江城子·江景

凤凰山下雨初晴，水风清，晚霞明。一朵芙蕖，开过尚盈盈。何处飞来双白鹭，如有意，慕娉婷。

忽闻江上弄哀筝，苦含情，遣谁听！烟敛云收，依约是湘灵。欲待曲终寻问取，人不见，数峰青。

苏轼曾经以为眉山的风景天下无二。如今初到杭州，他就为杭州的山水所折服，似乎在这里找到了自己灵魂的归宿。

熙宁五年（1072年）六月二十七日，苏轼和友人在望湖楼上饮酒，乘兴写下了《六月二十七日望湖楼醉书五绝》，其中以第一首最为有名：

黑云翻墨未遮山，白雨跳珠乱入船。
卷地风来忽吹散，望湖楼下水如天。

在最后一首中，他写道：

未成小隐聊中隐，可得长闲胜暂闲。
我本无家更安往，故乡无此好湖山。

其中的“我本无家更安往，故乡无此好湖山”两句，表达了苏轼将杭州当作自己第二故乡的心迹。他在《喜刘景文至》一诗中，曾透露自己对杭州的喜爱：“平生所乐在吴会，老死欲葬杭与苏。”可见他是多么迷恋杭州。

对苏轼来说，人生最大的乐事就是和朋友在西湖上饮酒听曲，吟诗作赋，享受美妙的湖光山色。西湖的魅力带给他无限的快乐和灵感，而他则用诗让西湖之美远近闻名。他写道：

有美堂暴雨

游人脚底一声雷，满座顽云拨不开。
天外座风吹海立，浙东飞雨过江来。
十分潋滟金樽凸，千杖敲铿羯鼓催。
唤起谪仙泉洒面，倒倾鲛室泻琼瑰。

西湖的暴雨又急又猛，恣意倾泻，磅礴壮观。这稍纵即逝的景象在苏轼笔下化作灵动的诗句，气势如虹，震撼人的心灵。

抗旱防涝战天灾

苏轼来到杭州的第二年，知府改由陈襄担任。陈襄是因为反对新法，数次上书弹劾王安石才被外调到杭州的。他和苏轼一样爱好诗词，加上两人政见一致，于是结为忘年之交。

陈襄初上任时，问苏轼："杭州百姓最担忧的事情是什么？"

苏轼经历过杭州旱灾，百姓因缺水而苦不堪言的情景历历在目，于是答道："唐朝时为了解决杭州百姓的饮水问题，名相李泌在杭州城区挖了6口大井，引入西湖淡水，解决了全城人的饮水问题。后来，白居易又进一步疏浚六井，但天长日久，六井渐渐淤塞，饮水困难又成了杭州百姓的一大难题。"

陈襄听了，当即决定："既然如此，那就重修六井。"

陈襄与苏轼找来两位精通水利的僧人，很快制订了一套行之有效的修井方案。经过一番修整，6口大井焕然一新，百姓们又可以饮用六井的水了，农田也得到了井水的灌溉。

苏轼写下的《钱塘六井记》，详细记述了这件事，在文章末尾，他指出：旱灾不是年年都有，有些人就没把它当回事。但是一旦旱灾来临，百姓的生活就会大受影响，甚至没饭吃。所以，一定要未雨绸缪，在大旱到来之前做好各种准备，才能安然度过。

第二年，一场大旱席卷江淮地区，但因为有了这6口大井，杭州人民不仅不用为饮用水发愁，而且还有足够的水用作它处。

在担任杭州通判的 3 年时间里，苏轼常常外出巡视，足迹遍布临安府的各个属县，如新城、富阳、临安、於潜等地。严重的自然灾害不断困扰着杭州，水灾、旱灾之后，蝗灾相继而来，进而引发更严重的饥荒，导致社会动荡。

苏轼奔走于四乡八县，一直忙于防涝，抗旱，捕捉蝗虫，赈济灾民，竭尽所能地减少百姓们遭受的苦难。

这时，王安石变法已经在各地全面展开。由于变法的主要目的是富国强兵，但也不可避免地加重了对百姓的盘剥，老百姓的负担越来越重，生活更加困苦，很多人流离失所、无家可归。苏轼目睹百姓生活的惨状，悲愤不已，于是提笔写道：

吴中田妇叹

今年粳稻熟苦迟，庶见霜风来几时。

霜风来时雨如泻，杷头出菌镰生衣。

眼枯泪尽雨不尽，忍见黄穗卧青泥！

茅苫一月垅上宿，天晴获稻随车归。
汗流肩赪载入市，价贱乞与如糠粞。
卖牛纳税拆屋炊，虑浅不及明年饥。
官今要钱不要米，西北万里招羌儿。
龚黄满朝人更苦，不如却作河伯妇！

苏轼这首《吴中田妇叹》写于熙宁五年（1072年）十二月，既是一个农妇凄苦的悲诉，也是一个普通农家凄惨生活的真实写照。农民的困苦不仅来源于天灾，还有沉重的朝廷赋税和官员的压迫。

苏轼在许多诗歌和文章中描述农民的遭遇，表达了对农民的同情，以及对新政的不满。因为苏轼的名气太大了，他写的每一篇诗、词和文章都被人们广为传诵，最后传到京城。苏轼的政敌有意收集他的一些诗词，以便作为日后迫害他的证据。

熙宁六年（1073年），在遭受严重的水旱灾害和蝗虫灾害之后，东南大部分地区发生饥荒。苏轼奉命前往常州、润州（今江苏省镇江市润州区）发放灾粮，整整奔波了7个月，连除夕夜都没能和家人团聚。本该热闹喜庆的团圆夜，苏轼独守孤舟，一灯如豆，四野苍凉。

赈灾归来，已是熙宁七年（1074 年）六月。朝廷发来一纸调令，陈襄被调往陈州。苏轼为陈襄饯行，酒过三巡，见月色如练，前可望浙江湖山，后可览西湖美景，沙河塘正出其下，于是即席作词一首：

虞美人·有美堂赠述古

湖山信是东南美。一望弥千里。使君能得几回来。便使樽前醉倒、更徘徊。

沙河塘里灯初上。水调谁家唱。夜阑风静欲归时。唯有一江明月、碧琉璃。

苏轼为陈襄写的送别词，每一首都情真意切、感人肺腑，读来令人荡气回肠。天下无不散之筵席，即便天各一方，他们仍会思念对方。每当回想起与陈襄共事的时光，苏轼脸上浮现的，除了离愁别苦，还有那会心一笑。后来，他们一直书信来往，共叙情谊。

灵魂伴侣王朝云

熙宁六年（1073 年）的一天，苏轼和几位文友同游杭州西湖。

这期间，苏轼结识了一位名叫王朝云的女子。由于仰慕苏轼的才华，并且受到苏轼夫妇的善待，王朝云决意终身追随苏轼。从此，她成了王闰之的得力助手，陪伴苏轼度过了两段艰难的岁月。

初遇王朝云那天，湖山佳人，相映成趣，苏轼诗兴大发，挥毫写下了传颂千古的 2 首七言绝句，被历代诗人认为是赞美西湖的绝佳之作。

饮湖上初晴后雨·其一

朝曦迎客艳重冈，晚雨留人入醉乡。

此意自佳君不会，一杯当属水仙王。

饮湖上初晴后雨·其二

水光潋滟晴方好，山色空蒙雨亦奇。
欲把西湖比西子，淡妆浓抹总相宜。

这两首诗明写西湖的旖旎风光，实际上暗寓了苏轼初遇王朝云时为之心动的感受。

对于苏轼来说，第一任妻子王弗对其仕宦生活与人际关系的处理有很大帮助，第二任妻子王闰之让他感受到了家庭的温暖与和谐，而最了解他内心的灵魂伴侣则是王朝云。

一天中午，苏轼处理完公事后回到家中，吃罢午饭，他摸着肚子在院里悠闲地散步，随口问周围的仆人们："你们都来说一说，我这肚子里装的是什么东西？"

"学士肚子里装的当然都是锦绣文章。"一个女仆抢先答道。

苏轼摇了摇头，不以为然。

另一个男仆说："学士满腹都是治国理政的雄韬伟略。"

苏轼又摇了摇头，还是觉得不满意。

这时，王朝云俏皮地说："学士装了一肚皮的不合时宜。"

苏轼听了，捧腹大笑，连连赞叹："知我者，唯有朝云。"

由此可见，王朝云确实称得上是苏轼的红颜知己、精神伴侣。

元丰三年（1080 年）七月初七晚上，苏轼带着王朝云一起来到黄州朝天门楼，只见一轮新月高挂天际，于是笑着问王朝云："在这美好的乞巧之夜，你最大的心愿是什么？"

王朝云深情地回答："天下女子在今夜都想向织女乞求才智和技艺，但我只愿今后与先生永不分离，再也不受提心吊胆的别离之苦。"

苏轼闻言十分感动，即兴吟出 2 首词，记下了王朝云那发自内心的表白。其中一首如下：

菩萨蛮·新月

画檐初挂弯弯月。孤光未满先忧缺。遥认玉帘钩。天孙梳洗楼。

佳人言语好。不愿乞新巧。此恨固应知。愿人无别离。

苏轼被贬黄州后，生活十分清苦，但王朝云无怨无悔，不离不弃，悉心照料苏轼的生活起居。买不起上等的猪肉，她就买来廉价的肥猪肉，按苏轼的指点，以文火慢煨，做出香糯滑软、肥而不腻的肉块，作为苏轼的佐餐美食。

元丰六年（1083 年）九月二十七日，22 岁的王朝云在黄州临皋亭为苏轼生下一个儿子，这是苏轼的第四子。

苏轼老来得子，喜不自胜。当时，他正遵照父亲苏洵的遗命为《易经》作《传》，于是取《易经》第三十七卦的“遁”卦，为儿子取名为苏遁，小名干儿。

苏遁满月时，苏轼想起自己过去名噪京华，而今却“自喜渐不为人识”，都是因为自己聪明反被聪明误。他心生感慨，于是作诗一首自嘲：

洗儿戏作

人皆养子望聪明，我被聪明误一生。

唯愿孩儿愚且鲁，无灾无难到公卿。

然而，世事难料，他的愿望终究没有实现。

元丰七年（1084 年）三月，苏轼改任汝州团练副使，易地京西北路安置。很快，他便带着家眷启程了。七月二十八日，当他们的船停泊在江宁（今江苏省南京市）江岸时，不到 1 岁的苏遁因为中暑不治，不幸夭折。

年近半百的苏轼因为添了苏遁这个儿子，本来郁郁寡欢的心情得到莫大的安慰。如今，苏遁意外夭折，他又陷入极度的悲痛之中。当时，他写下一首诗表达悲痛之情：

去岁九月二十七日在黄州生子名遁小名干儿颀

吾年四十九，羁旅失幼子。
幼子真吾儿，眉角生已似。
未期观所好，蹁跹逐书史。
摇头却梨栗，似识非分耻。
吾老常鲜欢，赖此一笑喜。
忽然遭夺去，恶业我累尔。
衣薪那免俗，变灭须臾耳。
归来怀抱空，老泪如泻水。
我泪犹可拭，日远当日忘。
母哭不可闻，欲与汝俱亡。
故衣尚悬架，涨乳已流床。
感此欲忘生，一卧终日僵。
中年忝闻道，梦幻讲已详。
储药如丘山，临病更求方。

仍将恩爱刃，割此衰老肠。
知迷欲自反，一恸送余伤。

从诗中可以看出苏轼对苏遁的喜爱：看到苏遁对诗书感兴趣，便认为他将来是块读书的料；苏遁摇头不要梨果，就认为他像孔融那样懂得仁让之礼。

苏轼的哭儿诗，给了王朝云不少安慰。

由于这一突如其来的变故，苏轼决定不去汝州了。他向宋神宗上表，要求在常州居住。这固然有他自己的常州情结，他想要悉心照料肝肠寸断的王朝云也是其中一个原因。因为常州就在太湖周围，其山水景色、风土人情最适合缓解王朝云的悲痛。

绍圣元年（1094 年），新党再度执政，苏轼被扣上“讥刺先朝”的罪名，被贬到惠州（今广东省惠州市）。

万般无奈之下，苏轼遣散了家中仆役，让次子苏迨带着家眷到宜兴，与长子苏迈一起居住。王朝云则执意要侍奉苏轼到老，苏轼便带着她和三子苏过一起前往惠州。

在惠州，苏轼住在嘉祐寺内。到第二年秋天时，嘉祐寺的树叶逐渐变黄掉落，冷清凄凉。苏轼看了觉得心里沉闷，于是让仆人摆上酒，让王朝云吟唱他写的一首诗：

蝶恋花·春景

花褪残红青杏小。燕子飞时，绿水人家绕。枝上柳绵吹又少，天涯何处无芳草！

墙里秋千墙外道。墙外行人，墙里佳人笑。笑渐不闻声渐悄，多情却被无情恼。

王朝云唱到“枝上柳绵吹又少，天涯何处无芳草”这一句时，想起苏轼宦海浮沉、命运坎坷，对苏轼的境遇极为同情，不由得声色哽咽，泪如雨下。

王朝云是苏轼的灵魂伴侣，她懂他内心的苦闷。两人的相知之深，由此可见一斑。王朝云去世后，苏轼深感再也遇不到如此懂他的红颜知己，便再也没有让人唱过这首《蝶恋花·春景》。

王朝云到惠州后，因水土不服染上了瘟疫。到惠州的第三年，她便带着不舍与无奈，不幸病逝，年仅 34 岁。

在以后的日子里，苏轼心中不胜哀伤，始终忘不了这位红颜知己。他写了《西江月·梅花》《雨中花慢》《题栖禅院》等诗词文章来寄托对王朝云的深情和哀思。

在《西江月·梅花》中，苏轼将梅花高洁的情操全然赋予王朝云，以此感怀王朝云的绰约风姿和高洁品性，流露出深深的怀念之情。

此后，苏轼再也没有娶妻纳妾，独自走向人生的终点。

密州抗灾济苍生

熙宁七年（1074 年），在送别陈襄 2 个月后，苏轼在杭州的 3 年任期也满了。

当时苏辙正在齐州（今山东省济南市）任掌书记，苏轼希望能调到离苏辙近一些的地方，这样兄弟二人可以多一些见面的机会，于是主动请求调往密州。很快，苏轼便如愿以偿，被任命为密州知州（暂时负责主管地方政务的官员）。

九月底，苏轼带着家眷从杭州启程。当他到达密州时，目之所及的荒凉景象与杭州的湖光山色、雕梁画栋形成了鲜明的对比。当时并不是农忙时节，田间却能看见男女老幼三五成群，忙个不停。

苏轼派人过去询问：“现在是农闲时节，你们这是在忙什么呢？”

一个老农回答：“我们在抓蝗虫，用蒿蔓杂草把蝗虫和蝗虫的卵包起来，挖坑埋到地里，防止庄稼被它们啃食。”

苏轼在杭州任上时，曾组织民众捕蝗，见过铺天盖地的蝗虫，其嗡鸣之声盖过了江河的水声。

苏轼心想：看来密州今年的蝗灾一定会很严重。到达任所后，他当即下令调查蝗灾的情况。他注意到了一个数字：农民捕杀蝗虫的总数，报到官府的数量已达 3 万斛。

但是，密州的官员并不重视这一情况，认为蝗虫虽然多，但并没有构成大的灾害。有的官员为了讨好上级，甚至昧着良心说：“蝗虫是神虫，能为民除草。”

苏轼气愤地反驳道：“蝗虫如果真能除草，农民应该祈求它们多来，又怎么会捕杀它们呢？”

他还一针见血地指出：“淮浙的蝗虫不过是这里的余波，危害已经如此之大，而你们却说这里的蝗虫构不成灾害，骗得了谁？”

在后续的调查中，苏轼继续走访农户，农民们告诉他：“密州已经连续好几年遭受旱灾和蝗灾，很多人只能吃草根和树皮度日。而且，今年秋季的旱灾更加严重，从夏季开始便一滴雨也没有下，冬麦无法播种。到十月份，好不容易下了一场雪，可是大地已经冰冻，即使播种，麦苗也无法生长。”

根据农民们所说的情况，苏轼推断，明年春夏之际，饥荒将比往年更加严重。

眼看形势严峻，苏轼一边组织百姓灭蝗抗旱，一边为预防来年的灾害做准备。他发动民众，用火将埋在地里的蝗虫幼虫烧死，并发粮奖励积极抗蝗的农民。他自己也从早到晚在田间奔忙，经常和老农交谈，向他们请教农业知识。老农说：“如果春季下雨，旱情缓解，蝗虫就会大批死亡。”

为了救百姓于水火之中，苏轼向朝廷上书报告蝗灾危害，恳求朝廷酌情豁免农民赋税，并亲自登常山诚心祈雨，还到处奔波，寻找清泉，终于为百姓寻得了水源。

但是，蝗灾和旱灾仍然不断侵袭着密州。

更糟糕的是，密州周边的大片地区陷入了饥荒当中，贫苦的百姓连逃荒都无处可去。大人们难以生存，弃婴事件层出不穷。苏轼自己就在田野里捡到过被遗弃的婴儿，他非常心痛，也知道这不是个别现象，于是发动衙役去找，结果找到几十个被遗弃的孩子。痛心之余，苏轼命人张贴告示：凡愿意收养弃童的人家，每个月由官府补助 6 斗米。通过这种方式，他拯救了许多幼小的生命。

灾荒年头，盗贼更是猖獗。苏轼一边制订周密的缉盗方案，一边上书朝廷，指出治盗必须治本，治事必须与治吏相结合，这样才能维护社会稳定，让老百姓安居乐业。

自从离开京城，苏轼已经好几年不再上书言事了。如今为了受苦受难的密州百姓，他接连上书，如实反映密州的旱灾和蝗灾情况，请求朝廷豁免密州的秋税，或暂停回收青苗钱。

此时，王安石因为变法出现了失误，已经被宋神宗首度罢相，接替他的是变法派人士柳惠卿。柳惠卿提拔亲信，打击异己，还设置了新税。为了防止百姓少交税，柳惠卿还制定法令，要求百姓自报财产，相互监督，鼓励告密。苏轼极其讨厌这种欺压百姓的法令。苏轼有自己的原则，他在任上处置公务时，只执行民众能够承受的法令，对于有害的法令则拒不执行。

十年生死两茫茫

苏轼为官清廉，到密州后，与百姓同甘共苦，时常吃些菊花、野菜和枸杞等充饥。

密州的生活与杭州的生活有着天壤之别，苏轼有时也会给朋友们写信，说这里没有歌舞，没有宴席，只有繁重的公务和连续的自然灾害。

苏轼所住的官舍比较破旧，他让人将官舍及官舍庭园北面一座荒废的城台加以修葺，作为他平日登高远眺的休闲之所。苏辙听说后，特意为这座城台取名为“超然”，苏轼也写了一篇《超然台记》作为纪念。在文中，苏轼表现出一种无比豁达洒脱的姿态，说他之所以无论到哪里都能体会到快乐，是因为他的心能够超然物外。这是他经历沉重的痛苦之后的感悟，也是他的精神追求。

在密州，苏轼不仅政绩卓著，而且思想境界得到升华，文学创作技巧也日臻完善，留下了不少传世名篇。

熙宁八年（1075 年），苏轼的结发妻子王弗去世已有

10年。10年中，苏轼的脑海中时常浮现出王弗的音容笑貌，他与王弗在相濡以沫的岁月中结下的深情厚谊一直珍藏在他的心底，那些令他心痛的往事也从未在他的记忆中消失。日有所思，夜有所梦，这年正月二十日，苏轼在梦乡中见到了王弗。梦中的王弗还是年轻时的模样，眉眼含笑，莲步轻移，款款走到小窗前，对镜梳妆。苏轼不敢惊动王弗，缓缓地向她走去，也许是心有灵犀，王弗回过头来，对他莞尔一笑。苏轼与王弗默默对望，心中有千言万语，却又不知从何说起，只是执手相看泪眼……

梦醒后，苏轼抑制不住心中绵绵不尽的哀伤和思念，挥笔写下了传诵千古的悼亡词：

江城子·乙卯正月二十日夜记梦

十年生死两茫茫。不思量，自难忘。千里孤坟，无处话凄凉。纵使相逢应不识，尘满面，鬓如霜。

夜来幽梦忽还乡。小轩窗，正梳妆。相顾无言，唯有泪千行。料得年年肠断处，明月夜，短松冈。

这首词文意凄美，语调沉郁，句式工整，音韵和谐，字里行间饱含着真挚的情感、沉痛的悲伤和深切的怀念，感人肺腑，动人心魄，令人不禁跟着洒下“泪千行”！

老夫聊发少年狂

熙宁八年（1075年）十月，密州常山上的庙宇重修落成，苏轼亲自到这座他多次祈雨的山上祭祀。归途中，他与同僚狩猎。

金秋十月，天气晴朗，苏轼一行人浩浩荡荡地在山上驰骋。旗帜飞扬，骏马奔腾，苏轼意气风发，豪情满怀，时而扬鞭催马，时而张弓射箭，直至傍晚才满载而归。

归来后，苏轼有感而发，填了一首词记录当日出猎的盛况：

江城子·密州出猎

老夫聊发少年狂。左牵黄，右擎苍，锦帽貂裘，千骑卷平冈。为报倾城随太守，亲射虎，看孙郎。

酒酣胸胆尚开张。鬓微霜，又何妨！持节云中，何日遣冯唐？会挽雕弓如满月，西北望，射天狼。

这首词淋漓尽致地表达了作者渴望杀敌报国、建功立业的壮志豪情，展现了作者宝刀未老、志在千里的英风豪气。整首词一改往日的婉约之风，透露出一股阳刚之气、豪迈之情，可谓别具一格、自成一体，读之令人耳目一新。苏轼对这首词也颇为满意，他在给友人的信中表达过自喜："近却颇作小词，虽无柳七郎（指柳永）风味，亦自是一家。数日前猎于郊外，所获颇多。作得一阕，令东州壮士抵足顿掌而歌之，吹笛击鼓以为节，颇壮观也。"

他戴上锦帽，穿上貂裘，左手牵着黄犬，右臂擎着苍鹰，上千随从跟着他如疾风般席卷平冈，这时的他真是一个意气风发的老者。他发誓，定要像孙权那样射杀猛虎，以报答全城士民对他的一片盛情厚意。

出猎之际，苏轼举起酒杯与众人开怀畅饮，看着飘扬的旌旗、跃动的骏马、威武的随从和宽阔的山冈，心情格外高兴，胸怀也随之变得开阔起来，胆量也更为豪壮。

此时苏轼才四十出头，头上却已出现银发。但这又有何妨？年龄从来不是他实现抱负的障碍，只要朝廷肯重用他，像汉文帝信任魏尚那样信任他，他一样有力气将雕弓拉满成圆月状，朝西北射去，击败西夏的豺狼。

狩猎活动结束了，忙碌的公务也暂时告一段落，当一切沉寂下来，苏轼便开始思念起远方的亲人，思念起阔别多年的故乡。

何事长向别时圆

第二年暮春时节，苏轼再次登上超然台，离愁别绪涌上心头，久久无法消散，于是作词一首：

望江南·超然台作

春未老，风细柳斜斜。试上超然台上看，半壕春水一城花。烟雨暗千家。

寒食后，酒醒却咨嗟。休对故人思故国，且将新火试新茶。诗酒趁年华。

站在超然台上，满城春光尽收眼底，苏轼感受到了家的温暖与喜悦，却无法归家，只能在这陌生的地方独自伤悲。酒醒后，他思乡的情绪更加浓郁。寒食节刚过，马上就是清明节了，他无法回乡为父母、亡妻扫墓，只能独自叹息。

时间飞逝，转眼又到中秋佳节，圆月当空，清风微拂。苏轼分外想念弟弟苏辙，兄弟二人已经分别5年了，明明相隔不远，却因公务缠身，一直无法相见。咫尺如天涯，愁绪似暮云，苏轼借酒浇愁，趁着酒意，苏轼写下了一篇流传千古的词作：

水调歌头·明月几时有

丙辰中秋，欢饮达旦，大醉，作此篇，兼怀子由。

明月几时有？把酒问青天。不知天上宫阙，今夕是何年。我欲乘风归去，又恐琼楼玉宇，高处不胜寒。起舞弄清影，何似在人间？

转朱阁，低绮户，照无眠。不应有恨，何事长向别时圆。人有悲欢离合，月有阴晴圆缺，此事古难全。但愿人长久，千里共婵娟。

苏轼已然大醉，醉眼中的月亮更富有诗意，更激起他心中的愁思。他举起酒杯，对着苍天发问，突然产生了飞往月宫看一看的想法。他说“乘风归去”，正是将明月当成自己的归宿，那种超然物外的思想再次显露出来。但他又害怕高高的楼宇，害怕那九天之外的寒冷。

月已圆，人却无法团圆。他自我安慰：人生难免会有悲欢离合，月也有阴晴圆缺。人生总会有些遗憾，不可能十全十美。

苏轼将思想的主体放在广袤时空之中，审视人间的悲欢离合，进而寻找自身存在的位置。

从这首词可以看出，苏轼在密州期间将苦闷消沉升华为超然豁达。词将对现实困境的思考总结为一种抽象的哲学思辨。

南宋著名文学家胡仔在《苕溪渔隐丛话》中评价说："中秋词，自东坡《水调歌头》一出，余词尽废。"这首极具浪漫主义色彩，又富有深邃隽永的哲思，流传千年依然传诵不衰，深深感染着无数人的心。

亲民太守苏徐州

熙宁九年（1076 年）中秋节过后不久，苏辙任满将从齐州返回京城，这样一来，苏轼与弟弟离得更远了。苏轼惆怅不已，思念再次涌上心头，又作词一首：

画堂春·寄子由

柳花飞处麦摇波。晚湖净鉴新磨。小舟飞棹去如梭。齐唱采菱歌。

平野水云溶漾，小楼风日晴和。济南何在暮云多。归去奈愁何。

不久，苏轼在密州的任期也满了，他盼望着返回京城与苏辙相聚，结果苏辙被调任为南京应天府签判，而他则被调任为徐州知州，两人调任的时间刚好错开。苏轼心中难免有些忧伤，幸好在前往徐州时，他在澶濮（今河南省濮阳市）与苏辙相遇，两人在一起度过了一段短暂又快乐的时光。

熙宁十年（1077 年）四月，苏轼到达徐州。七月，黄淮地区连日暴雨，河水暴涨，在徐州以北地区，洪水席卷数十个州县，很多城市、村舍和农田被淹没。

苏轼立即组织民众做好抗洪准备。但 1 个多月过去了，徐州境内的汴河依然是秋季干旱的常态，徐州百姓不禁心存侥幸，觉得今年的黄河水也许不会涨到徐州城来。

不料到了八月下旬，暴雨一连下了好多天，大水从徐州城北面汹涌袭来。因城南有 2 座山挡住，大水无处可泄，全部汇集在徐州城下，水位不断上涨，以致超过了城内平地一丈有余。徐州城内人心惶惶。

危急时刻，苏轼登上城楼视察水情，只见城外一片汪洋，城墙的东南角形势最危急，洪水几乎要从那里破城而入。他当即下令调集民众挑土运石，加固城墙，并且身先士卒，带头抢险。

正当苏轼忙得不可开交之际，衙役突然来报："大人，城里的很多人家都收拾好了细软行李，聚在城门口，想要出城避难！"

苏轼连忙赶过去，只见城门内挤满了想要出城逃难的人群，但如果开了城门，肯定会引起更大的恐慌和混乱。于是，他登上城墙，大声疾呼："如果大家都出城了，民心必然动摇，那么我和谁一起守城呢？我向大家保证，只要有我在，洪水绝不会破坏城墙涌进来！"

苏轼慷慨激昂的说辞和保卫徐州城的决心，终于打动了想要出城的人们，他们把行李放回家后加入抗击洪水、保卫徐州城的队伍中。

苏轼抱着人在城在的决心，在城墙上搭了一个简易的棚子，白天在里面办公，晚上则睡在那里。

但是，洪水水势凶猛，仅仅依靠百姓的力量显然还不能抗衡。面对人手不足、物资短缺的困境，苏轼想到了驻扎在徐州城里的禁军。不过，禁军是由朝廷直接统领，地方官员是无权调动的。

眼看事态紧急，苏轼也顾不了那么多，他径直来到军营，诚恳地对禁军统领说："徐州城的安全受到了严重的威胁，再耽搁下去，洪水势必冲垮城墙，到时候，徐州城内的一切都将被洪水毁坏殆尽。城内百姓的性命危在旦夕，苏某深知禁军不受我调遣，我只希望统领顾及百姓的安危，派遣士兵和我们一起加固堤防，守住城池。"

禁军首领见苏轼浑身湿透，衣服上遍布泥泞，满脸焦急，对其不惧危险、亲自战斗在抗洪第一线的举动深感敬佩，慷慨答应道："您尚且不躲避水患，不怕辛苦，亲自上阵，我们更应当也为百姓全力效命，抵御洪灾。"

在禁军的帮助下，徐州百姓同心协力，终于赶在洪水冲破城墙之前，在城东南筑起一道护城长堤，并加固了各处堤防。将洪水牢牢阻挡在徐州城外。

这场水灾历时40多天，直到十月洪水才渐渐消退。洪水退去后，城中百姓欢欣雀跃，载歌载舞，庆祝抗洪战斗取得胜利。

苏轼内心也充满了喜悦，不过，他知道今年的水灾并非偶然发生，徐州靠近黄河，水涝灾害难以避免，只有事先做好防洪工作，才能最大限度地保障徐州民众的安全。

考虑到临时加固的城墙不够牢固，苏轼上书朝廷，请求朝廷拨款，为徐州城建造一道新石墙。由于朝廷迟迟没有回应，他又再次上书，建议不造石墙，改建木制大坝，以缩减经费。

第二年，即元丰元年（1078年），朝廷终于划拨了款项，苏轼组织民众在徐州城东南建造了一道大型木坝。

大坝竣工后，苏轼派人在大坝外面建造了一座高10丈的楼台，将它命名为“黄楼”。后来，苏轼将自己在徐州任职期间写的诗文汇集成册，命名为《黄楼集》。

为了纪念大坝的建成，苏轼决定在九月初九重阳节这天举行庆典活动，邀请全城百姓参加。重阳节这天，苏轼一大早便登上黄楼，眺望远处的风景。不久，百姓纷至踏来，庆祝典礼随即开始，鼓乐齐鸣，人们载歌载舞，热闹非凡。看着这热闹的场景，苏轼激动不已，提笔作诗一首：

九日黄楼作

去年重阳不可说，南城夜半千沤发。
水穿城下作雷鸣，泥满城头飞雨滑。
黄花白酒无人问，日暮归来洗靴袜。
岂知还复有今年，把盏对花容一呷。
莫嫌酒薄红粉陋，终胜泥中事锹锸。
黄楼新成壁未干，清河已落霜初杀。
朝来白露如细雨，南山不见千寻刹。
楼前便作海茫茫，楼下空闻橹鸦轧。
薄寒中人老可畏，热酒浇肠气先压。
烟消日出见渔村，远水鳞鳞山齾齾。
诗人猛士杂龙虎，楚舞吴歌乱鹅鸭。
一杯相属君勿辞，此境何殊泛清霅。

在诗中，苏轼将去年的水患与今年的庆典相对比，为今年的佳节庆典感到欣喜，为率民抗洪的成功感到欣慰。

三月，朝廷颁发诏令，将苏轼调任湖州知州。苏轼担任徐州知州还不到2年，又要到别处为官了。

他这一生，有着太多的离愁别苦。无论是凤翔、京城，还是杭州、密州，他都始终坚持为官一任，造福一方，兢兢业业为百姓办实事。尤其是在徐州，他与徐州百姓同甘共苦、齐心协力，抗洪水、治旱灾、筑堤防、建城墙、除旧弊、施新政，为徐州的经济建设和百姓的安居乐业作出了不可磨灭的贡献，也为徐州人民留下了宝贵的精神财富。

徐州的百姓都非常尊重、敬爱苏轼，对他感恩戴德，尊称他为“亲民太守苏徐州”。苏轼离任前，徐州百姓夹道相送，失声痛哭，令他十分感动。在前往湖州途中，苏轼写下了下面这首词：

江城子·别徐州

天涯流落思无穷。既相逢，却匆匆。携手佳人，和泪折残红。为问东风余几许？春纵在，与谁同！

隋堤三月水溶溶。背归鸿，去吴中。回首彭城，清泗与淮通。欲寄相思千点泪，流不到，楚江东。

睹物伤怀，怅然若失，离愁别绪一齐涌上苏轼的心头。苏轼外任为官多年，如同一叶浮萍，漂泊不定，自视为流落天涯之人。在徐州任职虽然不到 2 年，但是他早已把徐州当成自己的故乡，他热爱这片热土，留恋徐州百姓，不舍之情格外强烈。

随着年岁渐长，漂泊不定的生活让苏轼感到痛苦，但他还是努力地向前走着，时刻调整自己的心情，从痛苦中找到乐趣。

历史知识小贴士

白居易

白居易（772—846年），字乐天，号香山居士，又名醉吟先生，祖籍太原阳邑（今属山西省晋中市太谷区），生于河南新郑，唐代杰出的现实主义诗人，三大诗人之一。

白居易出身于中小官僚家庭，出生后不久便遭遇藩镇战乱，河南一带战火绵延，动荡不安，他随父亲辗转宋州、彭城、符离、越中等地，过着漂泊不定的生活。

在动荡的生活间隙，白居易立志苦读，以致年纪轻轻便满头白发。贞元十六年（799 年），他参加科举考试，进士及第，授秘书省校书郎，历任盩厔（今西安市周至县）县尉、进士考官、集贤校理、翰林学士、左拾遗、京兆府户部参军等职。其间，除草拟诏书外，他还参与国政，直陈时弊。

元和十年（815 年），宰相武元衡遇刺身亡，白居易上书主张严缉凶手，却被认为是越职言事，被贬为江州（今江西省九江市）司马。长庆二年（822 年），白居易出任杭州刺史，后又做过短期的苏州刺史。太和宝历三年（827 年）拜秘书监，次年转任刑部侍郎。晚年的白居易在洛阳度过了生命的最后阶段，于武宗会昌六年（846 年）八月去世，享年 75 岁，追赠尚书右仆射，谥号“文”。

白居易与元稹共同发起了新乐府运动（这一运动旨在改革诗歌，主张恢复古代的采诗制度），世称“元白”，与刘禹锡并称“刘白”。白居易的诗歌题材广泛，形式多样，语言平易通俗，大多妇孺能诵。代表诗作有《长恨歌》《卖炭翁》《琵琶行》等，有《白氏长庆集》71 卷传世。

陆龟蒙

陆龟蒙（？—约 881 年），字鲁望，苏州姑苏（今江苏省苏州市）人，唐朝诗人、文学家、农学家。

陆龟蒙生于败落世家，天性聪慧，自幼接受良好的家庭教育，通晓六经大义。咸通九年（868 年），陆龟蒙参加进士考试落榜，从此不再追求功名。次年，陆龟蒙结识皮日休，两人互相引为知己，经常作诗相互唱和，并称“皮陆”，他们的诗歌也被称为“皮陆体”。咸通十三年（872 年），陆龟蒙来到湖州刺史张搏帐下，担任幕僚，之后又跟随张搏到苏州任职。乾符四年（877 年），陆龟蒙接受新任湖州刺史郑仁规的邀请，到湖州任职，不久郑仁规被朝廷调任襄阳副使，于是陆龟蒙回到故乡松江甫里（今江苏省苏州市吴中区甪直镇），从此躬耕南亩、垂钓江湖，过起了隐居生活。

中和元年（881 年），在陆龟蒙的几位好友的推荐下，朝廷打算起用陆龟蒙为左拾遗，但他拒绝出仕，同年因病去世。

陆龟蒙的诗在唐诗中别具一格，兼具奇峭与平淡两种风格。他的长篇古体诗，借助想象、夸张、比喻等手法，加入神话典故，穿插僻字险韵，营造出一种峭拔险怪的气氛，具有纵横捭阖、跌宕起伏的气势，读来撼人心魄。他的平淡诗风是由平淡的内容、冲淡的情感、平易的语言共同演绎的，大多描写闲居、游览、朋友间往来的日常生活图景，虽然琐碎、浅易，却蕴含着耐人寻味的人生感悟和生活哲理。陆龟蒙的散文短小精悍，揭露现实，抨击时政，说理深刻，具有较高的思想性和艺术性。

陆龟蒙在农学上也有较深的造诣，他撰写的《耒耜经》是一部描写江南地区农具的作品，为后人研究中国传统农具及农业史提供了珍贵的历史资料。

第四章

乌台诗案，至暗岁月

因为关心百姓疾苦，对新法有所不满，苏轼有时情不自禁地将心中的怨气写入诗中。不料，他的这些诗成了政敌对付他的武器，接二连三地对他发起弹劾，也因此他深陷“乌台诗案”，差点丢了性命。苏轼出狱后，被贬为黄州充团练副使。尽管身处逆境，苏轼依然乐观向上，在黄州寻找属于自己的乐趣，在东坡垦荒种地，自号“东坡居士”，心境变得更加超脱和坦荡。

乌台诗案生死劫

苏轼的文章、诗词名满天下，其才华一直深受宋神宗赏识。徐州抗洪后，宋神宗还下诏赞誉苏轼：“民人保居，城郭增固，徒得汝以安。”这也是苏轼一生中唯一一次得到皇帝的御笔嘉奖。

苏轼时时关心百姓疾苦，对新法中的诸多弊端非常不满，有时就会情不自禁地将心中的怨气写入诗中，讽喻朝政。没想到，这些诗成为政敌对付他的武器。

苏轼的政敌们抓住这些诗大作文章，诬蔑苏轼讽刺朝廷借变法来盘剥百姓，加重了百姓的负担，让百姓生活困苦。

宋神宗听到这些谗言后对苏轼大为不满，于是开始疏远苏轼，渐渐产生了罢免苏轼官职，弃之不用的想法。

元丰二年（1079 年），苏轼抵达湖州任上，按照惯例写了一份《湖州谢上表》，寄往朝廷。

王安石在熙宁七年（1074年）春被罢相后，于次年二月再度被宋神宗拜为丞相。但变法派内部已出现严重的分裂，王安石得不到众大臣的支持，孤掌难鸣，新法很难继续推行下去。熙宁九年（1076年）十月，王安石不得不辞去宰相职位，退隐江宁。吕惠卿也因弟弟吕升卿触犯刑律而受到牵连，被贬出京城，改任延州（今陕西省延安市）知州。此时，韩琦、欧阳修等人也已去世，司马光则编写《资治通鉴》，不问政事。

然而，朝廷中的激进派和保守派的斗争不仅没有平息，反而愈演愈烈。新任宰相王珪嫉贤妒能，结党营私，打压异己，迫害能臣。他跟李定、舒亶等人结成利益集团，经常陷害不合自己心意的大臣，以防他们受到宋神宗的重用。

很快，苏轼所写的《湖州谢上表》就被他们找到了把柄。

在《湖州谢上表》中，苏轼讲述了自己在地方为官时所取得的政绩，可是他写着写着，就将自己平时的一些牢骚也写了进去，比如“陛下知其愚不适时，难以追陪新进；察其老不生事，或能牧养小民”等。

苏轼所提的“新进”，指的是王安石在变法期间引进的一批善于投机钻营的人，而“生事”一词，在当时已成为保守派攻击变法派的习惯用语。因此，苏轼的话刺痛了那些窃据高位、谋取私利的别有用心之人。

第一个站出来检举苏轼的是御史何正臣。六月二十七日，何正臣摘用苏轼的《湖州谢上表》中的内容，还附上了苏轼的一本诗集，向宋神宗弹劾苏轼，罪状是：“愚弄朝廷，妄自尊大。”他攻击苏轼说，发生水旱灾害、兴起盗贼时，苏轼就把这些问题怪罪到新法上，污蔑新法，并且把污蔑新法的诗放在诗集里，供世人传阅，影响极坏。

接着，舒亶上书弹劾苏轼。舒亶在奏章外附上了苏轼的4本诗集作为罪证。

最后，李定又上书说苏轼犯有4项该杀的罪名，每一项罪名都指明，苏轼一直在诗中怨恨和讥讽的不是别人，正是宋神宗本人。

显然，他们有备而来，要置苏轼于死地。宋神宗大怒，下令御史台逮捕、严审苏轼，若查明情况属实，必将严惩不贷。

驸马王诜是苏轼的好友，还亲自出版过苏轼的诗集。他一听到宋神宗下令逮捕苏轼的消息，立即派人将情况通知苏轼。苏轼刚刚得到消息，逮捕苏轼的皇甫遵一行也抵达了湖州。

苏轼内心十分慌张，朝廷闹出这么大的动静来抓捕他，一定是他犯下什么不可赦免的重罪。他一时不知该如何应对，便和通判商量。通判说："事情到了这个地步，你也别无他法，还是出去见他们为好。"

"我应该穿便服出去，还是穿官袍？"苏轼一时拿不定主意。

通判想了想说："现在还不知道是什么罪名，应该穿官袍。"

于是，苏轼穿上官袍官靴，拿着手笏，去见皇甫遵。皇甫遵表情严肃，迟迟没有开口说话。苏轼见皇甫遵不说话，绝望地说："我知道自己冒犯了朝廷，恐怕难逃一死。我个人死不足惜，但能不能容许我回家与家人道别？"

皇甫遵终于开口了："苏大人不必如此，事情不至于那么严重。"

通判上前要来诏书，见诏书上写的是将苏轼革职押解进京，苏轼和通判都暗暗松了一口气。

苏轼被押送进京当天，大小官吏因为怕被牵连都闭门不出，老百姓却来到大街上哭着送他。

皇甫遵将苏轼五花大绑，令其十分难堪。进京途中，苏轼多次产生跳湖自杀的念头，但他又担心会因此连累亲人朋友，尤其是弟弟苏辙，于是打消了这个念头。

八月十八日，苏轼被押送进京，投入御史台监狱。等待他的将是长达 4 个月的生死煎熬。

因为御史台大门朝北开，周围种了许多柏树，有数千只乌鸦栖居在柏树上，御史台因此被称为“乌台”。苏轼的这个案子也就被称为“乌台诗案”。

八月二十日，李定等人开始了对苏轼非人的审讯。审讯从一开始便十分严厉，他们到处搜集苏轼的诗文，一首一首地拿来审问，还追问苏轼都和哪些人有诗文往来。苏轼不想连累朋友，全都回答“没有”。

审讯者们夜以继日地审讯苏轼。苏轼煎熬了将近 2 个月，遭受了百般凌辱。最终，他熬不住这些非人折磨，按照李定的要求，写下了 2 万多字的供状，毫无隐瞒地交代了自己对新政的讽刺。

原本对苏轼的“罪行”心存疑惑的宋神宗，读了御史台审理的折子后勃然大怒，恨不得马上杀了苏轼。御史台抓住机会，一再奏请处死苏轼。但是，宋神宗还是犹豫不决，因为宋太祖曾经规定，除了叛逆谋反之外，一律不杀士大夫和上书言事之人。

苏轼被关押在狱中时，长子苏迈负责给他送饭。因为御史台官员不允许他们父子见面，苏轼就在入狱前与苏迈暗中约定："平日只送蔬菜和肉，如果我大限将至，就送鱼过来给我吃，好让我心里有所准备。"

过了一段时间，苏迈带来的钱都用光了，只好离开京城向别人借钱。临行前，他委托自己的一个朋友给父亲送饭，却忘了向这个朋友交代自己与父亲的约定。那个朋友听说苏轼喜欢吃鱼，就特意精心烹制了一条鱼给苏轼送去。苏轼一看见鱼，以为自己要被处死了，万念俱灰。他用颤抖的手提笔写下两首诗：

狱中寄子由二首·其一

圣主如天万物春，小臣愚暗自亡身。
百年未满先偿债，十口无归更累人。
是处青山可埋骨，他年夜雨独伤神。
与君世世为兄弟，更结来生未了因。

狱中寄子由二首·其二

柏台霜气夜凄凄，风动琅珰月向低。
梦绕云山心似鹿，魂惊汤火命如鸡。
眼中犀角真吾子，身后牛衣愧老妻。
百岁神游定何处，桐乡知葬浙江西。

这是苏轼写的绝命诗。第一首诗是写给弟弟苏辙的，苏轼将家人托付给苏辙，并且说自己死后，随便找一处青山埋葬即可。他没有太多要求，只是再也无法兑现当年与苏辙许下的约定，只能寄希望于来世，生生世世与苏辙做兄弟。

第二首诗是写给妻儿的，在诗中既有对王闰之的思念之情，也有他内心的悲伤情感。在诗中叮嘱家人，将他安葬在湖州、杭州一带，以此表达他对这两地百姓的眷恋与感激。

苏轼请求狱卒把他的诗歌作为遗书送给苏辙。苏辙因为受到苏轼的牵连，日子也不太好过，但是他毫无怨言，将苏轼一家老小都接到自己家中居住。他还一再上书，表示愿意解除官职为苏轼赎罪，甚至愿意代兄受过，替兄去死。读了苏轼在狱中所写的诗，他不由得痛哭失声。

朝廷规定，犯人在狱中写的东西都要交给长官检查，狱卒便把苏轼的这两首诗呈给宋神宗。宋神宗读后深受感动。这也是他在御史台的高压下，最终依然决定释放苏轼的原因之一。

与此同时，有很多人也在冒着被株连的风险，积极为苏轼求情。

宰相吴充挺身而出，对宋神宗说："您一直效法尧舜二帝，看不起曹操。然而像曹操这样爱猜忌的人，尚且能容下击鼓骂他的祢衡，陛下怎么就容不下一个写诗的苏轼呢？”

宋神宗被问了个措手不及，尴尬地说：“我只是想查清一些是非，很快就会放了他。”

宋神宗的祖母曹太后病重，宋神宗去看望她时，曹太后对他说：“因为写诗而被下狱，我大宋自开国以来没有先例。哀家的病是好不了了，哀家死后，你不用大赦天下，把苏轼放出来就行了。”

已罢相退居江宁的王安石，也特意上书为苏轼求情：“哪里有在圣明的世道，还杀掉有才者的道理呢？”王安石是宋神宗最器重的老臣，虽然已经离朝，但他的意见对宋神宗依然很有影响力。

对于苏轼，杀还是不杀？宋神宗一时无法做出决定，于是就安排自己的心腹宦官到苏轼所在的牢房里，试探苏轼心里有没有鬼。对于突然来到自己牢房的犯人，苏轼毫不在意，到了晚上倒头就睡，不一会儿便鼾声大起。

睡到半夜，那个宦官把苏轼摇醒，连声说道：“贺喜学士！贺喜学士！”

半梦半醒的苏轼，疑惑地问道：“你为何道喜？我喜从何来啊？”

“您就安心睡觉吧。”宦官说完就走了。

宦官将自己在狱中看到的情形回报宋神宗，宋神宗对大臣们说：“朕知道苏轼心中没有亏心事。”并派人复审苏轼。

曹太后去世后，按惯例朝廷要大赦天下。李定强烈反对特赦苏轼，舒亶还要求把苏轼及受苏轼牵连的张方平、李常等人判死刑。

这天，王珪又在宋神宗面前挑拨离间：“苏轼确实有谋反之心。”

宋神宗摇摇头：“他或许小有冒犯，但绝无谋反之意。”

王珪早有准备，拿出苏轼所写的一首咏物诗《王复秀才所居双桧》，其中有一句是这样的：“根到九泉无曲处，世间唯有蛰龙知。”王珪牵强附会地解释说：“皇帝如飞龙在天，苏轼却要向九泉之下寻蛰龙。他这样写，分明是有不臣之心。”

这时，苏轼的好友章惇出面为他仗义执言：“龙不只是君主的象征，也指大臣。”随后引用了几个典故印证自己的解释。

宋神宗也说：“诗不是这样读的。他描写的是桧树，跟朕有什么关系？”

王珪讨了个没趣，不好再继续污蔑苏轼。

十二月二十八日，宋神宗下令对苏轼从轻发落：赦免死罪，贬为黄州充团练副使，限制人身自由，未经允许不得离开黄州，且无签署公文的权力。这一年，苏轼 44 岁。

在“乌台诗案”案中，还有一些人受到了牵连：驸马王诜被贬官均州，苏轼好友王巩被流放岭南，苏辙被贬到遥远的筠州（今江西省高安市），担任监盐酒税的职务，张方平、司马光、范镇等 18 人均受到不同程度的处分。

在御史台被关 100 多天后，苏轼终于走出了诟辱通宵的乌台监狱。他呼吸了一口久违的清新空气，感到格外轻松、舒畅。对于未来，苏轼没有灰心，依然充满希望，豪情满怀。他还会继续写诗，针砭时弊，吟咏人生。

谪居黄州多苦难

元丰三年（1080 年）正月初一，苏轼带着长子苏迈离开京城，在御史台差役的押送下，前往谪居之地黄州。

苏轼提前写信给苏辙，约好在陈州见面。兄弟俩劫后重逢，喜极而泣，但相聚的时间非常短暂，两人匆匆商量好家事，3 日后又依依不舍地分别。临别之际，苏轼作诗赠给苏辙：

子由自南都来陈，三日而别（节选）

夫子自逐客，尚能哀楚囚。
奔驰二百里，径来宽我忧。
……
但余无所还，永与夫子游。
此别何足道，大江东西州。
畏蛇不下榻，睡足吾无求。
便为齐安民，何必归故丘。

苏轼不愿沉湎于离别的伤感情绪中，他在诗中宽慰苏辙，也是宽慰自己。他们都住在长江边上，“大江东西州”，虽然一个在长江的西头，一个在长江的东头，但也是一水相连，足以慰藉对彼此的挂念。

苏轼深知弟弟对自己的担心，所以他在诗中向苏辙保证，他一定吸取教训，谨言慎行，以后安心做个黄州百姓，安稳地度过一生。

时值寒冬时节，漫天飞雪，去往黄州的道路十分难行。二月初一，苏轼和苏迈终于抵达黄州。

黄州是长江边上一个穷苦的小镇，僻陋荒凉。苏轼虽然有正式官职，但是没有任何执行公务的权限，不得签署公文。他只能居住在城外，不但没有官舍，甚至连一个能住的地方都没有，只得暂时借住在定惠院里面。定惠院的僧人很友善，将苏轼父子视为贵宾，这让苏轼心里多少有点安慰。于是他写下一诗，表露了自己初到黄州时复杂矛盾的心境：

初到黄州

自笑平生为口忙，老来事业转荒唐。
长江绕郭知鱼美，好竹连山觉笋香。
逐客不妨员外置，诗人例作水曹郎。
只惭无补丝毫事，尚费官家压酒囊。

这首诗充满了自嘲：他这一生想在仕途上有所作为，却因为心直口快而得罪人，一切都成了镜花水月！黄州三面被长江环绕，鱼美笋香，正是他这个罪人可以糊口、自得其乐的地方。唯一惭愧的是，他不用处理公务，却还拿着朝廷的俸禄。

经历了“乌台诗案”后，苏轼时常心有余悸。刚到黄州那段时间，他经常闭门不出，直到夜深人静才独自出门散步。他有时自斟自饮，但又不敢喝多，怕醉酒失言。

一天夜里，一轮残月悬挂在凄冷的梧桐枝桠间，微弱的月光透过稀疏的树叶洒落地面，夜色已深，万籁俱寂，苏轼在夜色中行走，身影缥缈又孤独。微风吹动草丛，惊起一只孤鸿，它拍打着翅膀想要离开，却挑遍了寒冷的树枝不肯落下栖息，宁愿像枫叶一样飘落在寂寞的江水中。苏轼触景生情，即兴写下一首词：

卜算子·黄州定慧院寓居作

缺月挂疏桐，漏断人初静。谁见幽人独往来，缥缈孤鸿影。

惊起却回头，有恨无人省。拣尽寒枝不肯栖，寂寞沙洲冷。

苏轼将自己在黄州的种种不如意，都浓缩在了这首词中。他用孤鸿指代自己，孤鸿被惊动后惊慌失措的样子，便是他经历“乌台诗案”后内心惊惶的写照。“有恨无人省”一句，含蓄地表达了他因“乌台诗案”亲友疏远的现状，没有谁能体会他孤独的心境。他痛苦、孤独、失落，但又不愿意与世俗同流合污，宁可守着寂寞，保持内心的高洁。

当然，苏轼是个随遇而安的人，在黄州待了一段时间后，他渐渐熟悉了这个地方，逐渐改变了昼伏夜出的生活。而且他的家人也在苏辙的护送下来到了黄州，与他团聚。开心之余，苏轼又开始为一家人的居住问题而发愁。

鄂州知州朱寿昌知道苏轼的困境后，主动找到苏轼，对他说："长江边上有一处叫临皋亭的居所，原本是供官员走水路休息的驿站，不算宽敞，但改造一下应该可以安顿下您这一大家子。不知道您意下如何？"

苏轼感激地说："朱大人如此费心，我实在是感激不尽。那就有劳了。"

于是，朱寿昌派人将临皋亭简单改造了一下，随后苏轼就带着全家人搬了进去。对于临皋亭，苏轼情有独钟，后来他又在旁边加盖了一间小书斋，逢人便夸赞这儿有多么美妙：当他午睡初醒时，会忘了自己置身何处，拉起卷帘，坐于床榻之上，可见水上船帆飘动，远望水面与天空相接，呈现出一片苍茫辽阔的景象。尽管临皋亭简陋、破败，但是苏轼自得其乐。

家人的到来为苏轼带来了欢乐，但也加重了他的生活负担。因为他一向出手大方、不善理财，手头没有多少积蓄，现在到了黄州，他领取的俸禄很低，根本不够一家人花销，因此全家的生活捉襟见肘。

但乐观的苏轼，在规划一家人的开销上自有妙招：每到月初，他便将领到的俸禄分成30份，用绳子串起来，挂在屋梁上，每天取下一份，花完后绝不再取第二份。如果当日的钱没有用完，他就将钱存进一个大竹筒里，以备招待朋友之用。

不过，初到谪地的苏轼招待朋友的机会并不多。一来黄州偏僻，消息闭塞；二来苏轼获罪后有些亲友怕受到连累，和他断绝了往来。这对喜好与亲友饮酒作诗的苏轼来说，生活变得有些枯燥乏味。

因为内心不时生发幽怨和离愁别绪，苏轼在黄州写下了众多清寂忧伤的婉约词。比如他在元丰三年（1080年）所写的一首中秋词，可以说是满满的落寞愁绪。

西江月·黄州中秋

世事一场大梦，人生几度秋凉。夜来风叶已鸣廊。看取眉头鬓上。

酒贱常愁客少，月明多被云妨。中秋谁与共孤光，把盏凄然北望。

在这首词中，中秋之夜清寒的月色、空寂的长廊与黯淡飘忽的灯光，勾勒出词人月下独酌并举目北望的凄然神色……

苏轼以“中秋”这一深具情感意义的节日为背景，抒写了自己被贬黄州后孤独悲苦的心情，同时又在感叹时间的流逝，表达了自己对人生的深沉思考以及对世间真情的深深眷恋。

躬耕东坡一居士

初贬黄州后遇到的不如意，并没有让苏轼陷入自怨自艾的情绪中不能自拔，在慢慢恢复精神上的活力之后，他开始在黄州寻找属于自己的乐趣。

在黄州，苏轼渐渐融入当地百姓之中。他开始和农夫、渔夫、樵夫和市井小贩等谈天说地。如果对方不善言辞，他便说：“你给我讲个鬼故事吧。”如果对方推辞说：“我不知道什么鬼故事。”他就会说：“胡编一个也行。”话落处，响起一片欢声笑语。

苏轼和邻居们也相处融洽，常常到邻居家里吃美食，并且学着做各种各样的美食。

有一次，苏轼在一位刘姓邻居家里吃到了一种用煎米粉做的饼，口感酥脆，十分好吃。他问主人：“这饼叫作什么？”

主人回答：“没有名字。”

苏轼说：“那就叫‘为甚酥’吧。”

又有一次，苏轼在一位潘姓邻居家里喝到一种酒，味道很酸，便问：“这酒这么酸，不会是酿酒的时候水放多了吧？”此后，他就叫这种酒“错着水”。

“为甚酥”，意思是“为什么这么酥”；“错着水”，意思是“错放了水”，苏轼诙谐幽默的性情由此可见一斑。

到黄州 1 年后，苏轼所存的微薄积蓄也几乎用光了，生活陷入了困境。这个时候，他遇到了生命中的另一个贵人——时任黄州通判的马正卿。

马正卿前来探望苏轼，让苏轼百感交集。两人聊天时，马正卿看见苏轼家中的房梁上挂着几串钱，好奇地问道：“这是什么？”

苏轼笑着用画叉挑下一串钱，说：“一串钱一百五十文，刚好是家里一日的花销。每日清晨挑下一串，一天之内绝不再拿第二串，这是我精心计算好的数额。”

马正卿见苏轼一家生活如此拮据，深为同情，但他的生活也很困窘，没有钱接济苏轼一家。黄州太守徐君猷与马正卿有同窗之谊，马正卿便向徐君猷求助，想为苏轼要一块荒地来耕种。徐君猷也爱惜苏轼的才华，有心帮助他，便将黄州城东门外小山坡上的一块荒地分给苏轼。

这块地有 50 多亩，杂草丛生，布满瓦砾荆棘，开垦起来十分艰难。苏轼带着全家老小一齐上阵，还请友人帮忙，终于把这块荒地开垦出来,整理成一块能够种植农作物的田地。

苏轼站在山坡上，在心中规划着要在田里种植哪些农作物：最低的位置相对潮湿，可以种水稻；东边种枣树和栗树……

这时，有人跑来告诉苏轼："附近有水源，是一口暗井，过去因为干旱，水塘的水位降低，所以暗井的水也干枯了。昨夜下了一场大雨，现在暗井又有水了！"

苏轼听了高兴地说："太好了，有了水，想种什么就方便多了。"

苏轼马上动手，修建了水坝和沟渠，将水引入东门小山坡上的田地。

苏轼穿着布衣、草鞋，成了一个地地道道的农民。他在田里种水稻、种麦子，栽桑树、枣树、栗树、橘树和松树，还开辟了菜地，种各种蔬菜。在苏轼的辛勤劳作下，这片荒地被改造成了有稻田、麦田、桑林、果树的小农场。

苏轼还写了8首诗，命名为《东坡八首》，记录自己在东坡田地里的劳作情景，其中一首是写马正卿的。

东坡八首（其八）

马生本穷士，从我二十年。
日夜望我贵，求分买山钱。
我今反累君，借耕辍兹田。
刮毛龟背上，何时得成毡？
可怜马生痴，至今夸我贤。
众笑终不悔，施一当获千。

过去苏轼曾和马正卿开玩笑比穷，比较的结果是马正卿更穷。这首诗便拿马正卿的“穷”打趣，意味深长：他们的友谊不随穷达贵贱而变化。

自从过上了耕种劳作的生活，苏轼更加向往东晋诗人陶渊明和唐朝诗人白居易悠闲自在的田园生活。白居易任忠州刺史时，曾在忠州东坡开垦土地种花，他在诗中写道：“朝上东坡步，夕上东坡步。东坡何所爱，爱此新成树。”因此，苏轼也将这片城东的田地命名为“东坡”，自号“东坡居士”。

一蓑烟雨任平生

尽管有了田地可以耕种，但苏轼在黄州的生活依然贫困。水涝灾害经常侵袭“东坡”，使他无法收获足够的粮食保证家人温饱。日子窘迫时，他便提倡家人节食。他曾写过一篇《节饮食说》，文中写道：“东坡居士自今日以往，早晚饮食，不过一爵一肉。”

没有肉吃的日子，苏轼便在蔬菜上下功夫。他发明了一道东坡羹，食材是蔓菁、荠菜、瓜、茄和赤豆等，特别适合穷苦之人和吃素修行的人食用，不少人都来向他请教这道菜的做法。

黄州的羊肉价格昂贵，但猪肉却十分便宜，苏轼就亲自指点家人把猪肉做成美食，供全家享用。现在流行的“东坡肉”等美食，最初的做法就是他发明的。黄州三面环江，盛产鱼、虾、蟹，价格实惠，苏轼全家也经常食用。

来到黄州的第二年，趁着正月农闲期间，苏轼在东坡上地势开阔的位置建了 5 间草屋。这几间草屋都很简陋，苏轼在农舍内的墙壁上画满雪景，将农舍命名为“雪堂”。

雪堂建成后，苏轼每天往返于临皋亭、东坡和雪堂之间。

出了城门，便是通往东坡和雪堂的黄泥路，这条黄泥路晴天时尘土飞扬，下雨时则泥泞不堪。苏轼每天走在这条路上，自得其乐。白天，他在田间耕作，晚上则在雪堂读书，等到夜深人静时，他再独自走回位于城内的临皋亭。

如果有远道而来的朋友，苏轼便在雪堂接待他们。

考虑到东坡的土地是官府的，说不定什么时候就收走了，所以，苏轼有了些积蓄之后，便打算购置一块田地。

元丰五年（1082 年）三月，苏轼听人说黄州东南 30 里处的沙湖，土地肥沃，有良田出售，于是就在几位朋友的陪同下，择日前往沙湖察看土地情况。

他们一边赶路，一边欣赏美景，没想到途中突然下起了大雨，而拿着伞的仆人提前走了，与苏轼同行的几位朋友被雨淋得像落汤鸡似的，慌忙找地方避雨，唯独苏轼冒雨慢慢前行，潇洒自如。他还特地作了一首词，描述自己当时的心境：

定风波·莫听穿林打叶声

三月七日，沙湖道中遇雨。

雨具先去，同行皆狼狈，余独不觉。

已而遂晴，故作此词。

莫听穿林打叶声，何妨吟啸且徐行。竹杖芒鞋轻胜马，谁怕？一蓑烟雨任平生。

料峭春风吹酒醒，微冷，山头斜照却相迎。回首向来萧瑟处，归去，也无风雨也无晴。

这首词作于苏轼到黄州的第三年，从词中可以看出，他的心境已经发生了很大的变化。

与友人出行途中遇雨，本是生活中的一件小事，但在苏轼笔下，却成为其人生的写照。此时的他，变得更加超脱和坦然，胸怀旷达，宠辱不惊。在他看来，即便是风雨卷地，又有什么值得惊慌失措的呢？人生不就是在风雨中穿行而过吗？不论处于何种境况，人都应泰然处之。因为种种原因，苏轼这次没有买成田产。

从这一时期开始，苏轼性情中超然旷达的一面成了主流，他的思想和艺术成就也因而升华到一个全新的高度。

赤壁词赋传千古

在黄州城西北的长江边上，有一座红褐色的石崖，因形状像鼻子，被称为“赤鼻山”；又因崖石屹立如壁，又被称为“赤壁”。自唐代以来，很多人都把这个赤壁和三国赤壁古战场联想到一起，因此黄州赤壁就成了世人凭吊古迹的一个地方，不少文人墨客也前来游览，吟诗作赋，抒怀述志。

苏轼也经常到赤壁游览，或在赤壁之上远眺，或在赤壁之下泛舟。

这天，苏轼又来到赤壁，望着滚滚东去的长江水，他心中油然而生一股豪情，于是写下了流传千古的《念奴娇·赤壁怀古》：

念奴娇·赤壁怀古

大江东去，浪淘尽，千古风流人物。故垒西边，人道是，三国周郎赤壁。乱石穿空，惊涛拍岸，卷起千堆雪。江山如画，一时多少豪杰。

遥想公瑾当年，小乔初嫁了，雄姿英发。羽扇纶巾，谈笑间，樯橹灰飞烟灭。故国神游，多情应笑我，早生华发。人生如梦，一樽还酹江月。

词的开端，苏轼以雄健的笔力把浩荡的江流与千古人事并收笔下，指出古往今来，多少“风流人物”都如江水般逝去，而三国时的周瑜便是“风流人物”的代表。苏轼着重描写了周瑜的飒爽英姿、儒将风度、雄才大略。周瑜破曹之时年方 34 岁，年纪轻轻就建立了卓著功业。而此时的苏轼已经年近半百，坎坷不遇，由衷地发出感叹：“多情应笑我，早生华发。”

消极悲观不是人生的真谛，超脱旷达才是生命的壮歌。苏轼最后用了一句“人生如梦，一樽还酹江月”，将词的内涵上升到了哲学高度：千古风流人物都如江水一般一去不复返，人生像梦一样短促、虚幻，不如把酒伴月，看淡荣辱，将自己融入宁静广阔的大自然中，感受无穷无尽的永恒之美。

这首词写出了苏轼理想落空的悲哀，但在他的笔下，悲哀转化为一种苍凉壮阔的美。在超越古今的宏大背景下，个人显得多么渺小和无足轻重！苏轼在词中创造了高昂豪放、沉郁壮阔的艺术境界，《念奴娇·赤壁怀古》不愧为千古绝唱。

元丰五年（1082 年）七月十六日，苏轼与几个朋友一起游览赤壁。夜风轻柔，天气宜人，他们乘着一艘小船，在船上饮酒作诗，吟诵与明月有关的诗篇。不一会儿，一轮明月自东方的山后升起。白茫茫的雾气笼罩江面，清冷的月光与水光相接。小船在无边无际的江上漂荡，像是乘着风，不知要漂去哪里，停在哪里。

苏轼与朋友们一边叩击着船舷，一边喝酒唱歌。一位朋友吹起了箫，箫声如泣如诉，令人闻之落泪。苏轼忍不住问道：“箫声为什么这样悲凉？”

“月明星稀，乌鹊南飞，这不是曹孟德（曹操）的诗吗？此处不正是当年曹孟德被周瑜围困的地方吗？他称得上一代枭雄，可是如今又在哪里？”友人叹了一口气，继续说道，“你我在这叶小舟上，如同蜉蝣置身广阔的天地间，像沧海中的一颗粟米那样渺小。我们的一生只是短暂的片刻，而长江却在无穷无尽地流淌。我想与仙人携手遨游，像明月一样永存，可是最终只能在秋风中寄托哀思罢了。”

苏轼却不以为然地说：“江水奔流，却没有真正逝去；月有圆缺，却没有真正增加或减少。天地万物，包括你我在内，既有变化的一面，也有不变的一面。从易变的角度看，天地间没有一瞬间不发生变化；从不变的角度看，万物和你我的生命同样无穷无尽。所以，有什么好羡慕的呢？天地之间，凡物各有归属，不属于自己的，一分一毫也不要求取。只有这江上的风、天上的月、耳边的声音，是造物主送给我们的没有穷尽的宝藏，我们可以尽情享用。”

听了苏轼的这番话，大家又高兴起来了，再次举起酒杯畅饮，喝醉了便躺在小船中睡去，不知不觉，天已经亮了。

赤壁赋（节选）

苏子愀然，正襟危坐，而问客曰：“何为其然也？”

客曰：“‘月明星稀，乌鹊南飞。’此非曹孟德之诗乎？西望夏口，东望武昌，山川相缪，郁乎苍苍，此非孟德之困于周郎者乎？方其破荆州，下江陵，顺流而东也，舳舻千里，旌旗蔽空，酾酒临江，横槊赋诗，固一世之雄也，而今安在哉？况吾与子渔樵于江渚之上，侣鱼虾而友麋鹿，驾一叶之扁舟，举匏樽以相属。寄蜉蝣于天地，渺沧海之一粟。哀吾生之须臾，羡长江之无穷。挟飞仙以遨游，抱明月而长终。知不可乎骤得，托遗响于悲风。”

苏轼在赋中表达了自己对人生短暂、自然永恒的领悟，认为短暂与永恒是相对的，人们没有必要为生命短暂而伤感，而应尽情享受生命中的美好。

十月十五日，明月当空，苏轼与朋友一起从雪堂回临皋亭。路上，他们不约而同地唱起歌来。苏轼感慨地说：“有客人却没有酒，有酒却没有菜。这么美好的夜晚，我们应该怎么度过？”

朋友说：“我傍晚捕到了一些鱼，只是不知道到哪里弄酒。”

苏轼回家和王闰之商量，王闰之说：“我有酒，保存很久了，就是为了应对你突然间想喝酒的这种情况。”

于是，苏轼和朋友带着酒，乘船再次来到赤壁下。“江流有声，断岸千尺；山高月小，水落石出”，距离上次游览赤壁才不过 3 个月，赤壁的景色却让他们认不出来了！

苏轼弃船上岸，踩着嶙峋的岩石，拨开杂乱的野草，登上一处高地放声长啸，顿时山鸣谷应，回声四起。大风刮起，波浪汹涌，苏轼心中随之升起一股寂寞、悲凉、恐惧的情绪。他回到船上，和朋友一起将船划到江心，任凭它在江面上漂流。半夜时分，一只大鹤从东边飞过江面，与小船擦身而过，向西飞去。

回到家中，苏轼沉沉睡去。他做了个梦，梦见一个道士，身着用羽毛编织的衣裳，翩然而至，拱手问道：“今晚的赤壁之游，你觉得尽兴吗？”

苏轼询问道士的名字，道士没有回答，转身离去。苏轼恍然大悟："从我们船边飞过的不就是你吗？"

道士回头向苏轼笑了笑。苏轼从梦中惊醒，下床开门去看，门外根本没有那个道士的身影。

苏轼根据自己第二次游览赤壁的经历，写成了《赤壁赋》的姊妹篇《后赤壁赋》，珠联璧合，浑然一体。赋中，他以梦赋予了传统的孤舟惊鸿新的含义，表达对现世与彼岸的思索。文中的"我"，不论是快乐、悲伤还是惊惧，都毫不遮掩，坦然面对，表现出一种超凡脱俗，自由自在的姿态。或许梦中"我"、鹤与道士其实是同一个人的不同化身，苏轼借助鹤、道士，抒发了自己因政治理想落空而产生的苦闷心情以及怀念故友之情，表达了他在出世、入世之间徘徊的矛盾心理，暗示他在精神上已倾向于做一个远离尘世、高蹈世外的隐逸者。

从《念奴娇·赤壁怀古》，到《赤壁赋》和《后赤壁赋》，苏轼对于人生的思考进入了一个全新的境界。经历"乌台诗案"的苏轼，痛苦过，迷茫过，但身处逆境，他总能将自己的生活过得生趣盎然，并且有了更多的人生参悟，心态也更加平和了。

历史知识小贴士

陶渊明

陶渊明（约365—427年），名潜，字元亮，别号“五柳先生”，寻阳郡柴桑县（今江西省九江市）人，东晋末年至刘宋初期著名诗人、辞赋家、散文家。

陶渊明早年生活非常不顺，8岁时父亲去世，12岁庶母又辞世。家庭的变故和生活的困境并没有让他灰心丧气，反而激发了他勤奋学习的决心，磨炼了他勇对逆境的意志。他广泛涉猎《易经》《左传》《庄子》《论语》

等历史、哲学、文学书籍，尤其对古代先贤的思想和哲学感兴趣，这对他日后的文学创作和人生观的形成产生了深远的影响。

20 岁时，陶渊明开始外出游历，谋求出路。29 岁时，他出任江州祭酒，但由于他性格刚直，不堪忍受官场的污浊，不久便辞官归家闲居。之后他又先后担任镇军参军、建威参军等职务。义熙元年（405 年）八月，陶渊明出任彭泽县令。当时，县令每月的俸禄只够买 5 斗米。一天，上级派一名督邮到彭泽县视察，督邮傲慢地要求陶渊明穿着官服到他住的官驿拜见他，否则他的前程将会受到影响。陶渊明气愤地说："我宁可饿死，也不愿为了这区区 5 斗米去向那势利小人折腰！"说完他解印辞官，回到乡下，正式开始了隐居耕种的生活。其间，朝廷及地方官员屡次劝他出仕做官，都遭到他的拒绝。元嘉四年（427 年），陶渊明病逝于浔阳。友人私谥为"靖节"，后世称"陶靖节"。

陶渊明一生创作了众多的田园诗、山水诗和词赋，诗词多描绘宁静恬淡的田园生活、旖旎秀丽的自然风光，表达了他对隐居生活和返璞归真的向往之情，有着强烈的艺术感染力。陶渊明被后世的人们誉为"古今隐逸诗人之宗""田园诗派之鼻祖"，在中国文学史上占有极高的地位。其作品主要有《归园田居》《桃花源记》《归去来兮辞》《五柳先生传》等。

周 瑜

周瑜（175—210年），字公瑾，庐江郡舒县（今安徽省庐江县）人，东汉末年军事家、政治家、谋略家、东吴名将。

周瑜出身官宦世家，自幼聪颖好学，熟读史书。成年后的周瑜身材高大，相貌俊美，精通音律、文学，擅长书法。他与吴郡富春（今浙江省杭州市富阳区）将领孙坚长子孙策同龄，两人志同道合，都胸怀大志，经常在一起讨论天下大事。

兴平二年（195年），周瑜带着自己招募的千余士兵与大量船舶、钱粮加入孙策的军队，随后与孙策一起率兵渡过长江，先后攻占扬州、安徽、江苏，在江东站稳了脚跟。建安五年（200年），孙策在准备发兵北上时，被许贡的门客所伤，伤势严重不治身亡。临终时把江东军国大事托付给弟弟孙权。周瑜以中护军的身份与长史张昭共掌众事，辅佐孙权。

建安七年（202 年），曹操在官渡之战打败袁绍后，派使者送信给孙权，要求孙权将他的儿子送到许昌作为人质。周瑜极力劝阻，建议孙权占据江东，拥兵观变，孙权听从了周瑜的建议。建安十三年（208 年）春，周瑜跟随孙权出征，攻陷夏口（今湖北省武汉市汉阳区），杀死黄祖，为日后夺取江陵（今荆州市）扫清了道路。

建安十三年（208 年），曹操率数十万大军南下，打算一举平定江东。江东大臣意见不一，主降派和主战派互相争吵，孙权也犹豫不决。周瑜力主抗曹，说服孙权联合刘备军队抵抗曹军，并亲自率领吴军，采取火攻战术，在赤壁大败曹军，奠定了三分天下的局面。建安十四年（209 年）冬，周瑜又率军大败曹仁、徐晃军队，夺取江陵，被拜为南郡太守。建安十五年（210 年），周瑜向孙权提出攻征益州的战略方案，得到孙权的同意。他返回驻地江陵，准备整兵出征，行至巴丘（今湖南省岳阳市）时染上疾病，不幸病逝，年仅 36 岁。

周瑜才华横溢，文武双全，足智多谋，英勇善战，为东吴的建立和发展立下了汗马功劳，后人赞誉他为“世间豪杰英雄士，江左风流美丈夫”。

第五章

风雨仕途，荣辱浮沉

元丰八年（1085年）三月，宋神宗驾崩，年幼的宋哲宗即位，宋哲宗的祖母高太后临朝听政，启用旧党领袖司马光主持朝政。在司马光的举荐下，苏轼迎来了仕途上的春天，官职不断升迁，从朝奉朗知登州礼部郎中、起居舍人、中书舍人兼知制诰一直升到翰林学士知制诰，兼任经筵侍读，一举成为朝廷中举足轻重的人物。但是后来，因为苏轼与司马光等政见不合，只得再次请求外任，辗转于杭州、颍州、扬州、定州等地，重新开始了四处漂泊的生活。

此心安处是吾乡

自元丰六年（1083年）二月起，苏轼患上风寒，病情迟迟不见好转。到了五六月份，他又得了红眼病，眼睛红肿，几乎失明。怕传染给别人，他闭门不出，在室内静心休养。

到了七月，苏轼的病终于好转，又开始每日往返于东坡和临皋亭之间。

苏轼在黄州待得越久，就越像是一个地地道道的黄州人。他总是如此，人在哪里，便把哪里当成自己的故乡。

王巩受“乌台诗案”牵连，被贬到宾州（今广西省宾阳县），在那里生活十分艰辛。后来，王巩终于得到宋神宗的赦免，得以北还。

北上途中，王巩特意绕道到黄州看望苏轼。故友重逢，把酒言欢，王巩让柔奴（王巩的侍妾，曾同王巩前往宾州同甘共苦）出来歌舞助兴。

苏轼问柔奴："岭南的风土应该不是很好吧？"

柔奴坦然地回答："此心安处，便是吾乡。"

柔奴的回答令苏轼十分感动，也给了他很多启示，大为赞叹，于是当场填词一首，赠予柔奴：

定风波·南海归赠王定国侍人寓娘

王定国歌儿曰柔奴，姓宇文氏，眉目娟丽，善应对，家世住京师。定国南迁归，余问柔："广南风土，应是不好？"柔对曰："此心安处，便是吾乡。"因为缀词云。

常羡人间琢玉郎，天应乞与点酥娘。尽道清歌传皓齿，风起，雪飞炎海变清凉。

万里归来颜愈少。微笑，笑时犹带岭梅香。试问岭南应不好，却道：此心安处是吾乡。

在词中，苏轼以简练、传神的笔调刻画了一位才貌双全的俏佳人形象，赞颂了"琢玉郎"王巩与"点酥娘"柔奴两人之间珍贵美好的感情，同时也表露了自己在政治逆境中随遇而安、看淡一切的旷达襟怀。

最后一句"此心安处是吾乡"，是苏轼漂泊半生，在每一个远离故土的地方生活时的心境写照，也是一句警策隽永的人生悟语。此时，苏轼已经做好了在黄州终老的心理准备。

峰回路转离黄州

苏轼被贬至黄州这几年，在朝廷中占据要职的依然是王珪等人，他们害怕皇帝重新启用苏轼和其他反对派人物。所以，每当宋神宗打算起用苏轼等人时，他们都想方设法阻挠。

一天，宋神宗找来宰相王珪、右相蔡确，对他们说："国史极其重要，可以叫苏轼来编修。"

王珪听了面有难色。宋神宗便说："苏轼不可以的话，那就让曾巩来编修吧。"

不久，曾巩上呈《太祖总论》，但宋神宗看了并不满意。

元丰七年（1084年）正月的一天，宋神宗亲自书写了一则手诏："苏轼贬斥在外反省过错，这几年，社会阅历更加丰富，人才实在难得，朕不忍心将他终身摒弃不用。"同时下达诏令，让苏轼调任汝州团练副使，本州安置，不得签署公文。

宋神宗没有撤销对苏轼的处分，只是将苏轼的安置地移到了离京城更近的汝州。宋神宗这样做的用意，一是为重新起用苏轼做准备，二是借此堵住王珪等人的嘴，让他们无法再提反对意见。

接到宋神宗的手诏，苏轼十分高兴，立即给宋神宗上了一道《谢量移汝州表》。宋神宗看后，忍不住夸道："苏轼真是个天才！"

有个大臣却说："皇上，苏轼在谢表中还是口出怨言啊。"

"何以见得？"宋神宗疑惑地问道。

大臣说："在这份谢表中，苏轼说他和弟弟考过殿试，却用'惊魂未定，梦游缧绁之中'，其本意大概是说多年前他们坦率地批评朝政的策论从而高中进士，现在却反以批评朝政而受到惩处。他这是不甘心认错，而且还诿过于人。"

宋神宗听了不以为然地说道："朕很了解苏轼，他完全是出于一片好意。"

反对苏轼的大臣也只好闭上嘴巴。

因为宋神宗的赏识，苏轼的命运要发生改变了。不过，想到要离开黄州，苏轼也是十分不舍。四月初一，苏轼打点行装，携家人从黄州启程，前往汝州。朋友们纷纷前来为他送行，他百感交集，即兴吟词一首：

满庭芳·归去来兮

元丰七年四月一日，余将去黄移汝，留别雪堂邻里二三君子，会仲览自江东来别，遂书以遗之。

归去来兮，吾归何处？万里家在岷峨。百年强半，来日苦无多。坐见黄州再闰，儿童尽楚语吴歌。山中友，鸡豚社酒，相劝老东坡。

云何，当此去，人生底事，来往如梭。待闲看秋风，洛水清波。好在堂前细柳，应念我，莫剪柔柯。仍传语，江南父老，时与晒渔蓑。

即将离开黄州，苏轼的内心是复杂的，他西望蜀地，不由得发出了疑问：回去啊，我将回到哪里？宋神宗调他至汝州的用意，他心里也明白。在黄州的这几年，他无时无刻不在盼望宋神宗回心转意，再次重用他。可是，当宋神宗真的将他调离黄州时，他又有些不舍。

很快，苏轼与家人踏上了前往汝州的路。途中，他特意去筠州看望了苏辙，兄弟俩已经4年多没有见面了，彼此都十分想念。受“乌台诗案”牵连，苏辙被贬官至筠州，小女儿还因病夭折。苏轼得知消息后，难过不已，只能写信安慰弟弟。苏轼在筠州停留了七八天，兄弟二人都很珍惜短暂的相聚时间，互相倾诉各自的人生感慨。

路过江宁时，苏轼去拜访了在这里隐居的王安石。王安石自熙宁九年（1076 年）辞相之后，一直在江宁自建的住宅半山园（位于今江苏省南京市玄武区）居住，已经很长时间不问政事了。得知苏轼来访，这位昔日的宰相身穿布衣，骑着一头小毛驴，亲自来到长江边迎接苏轼这位文坛小老弟、变法反对者，这让苏轼感动不已。两个在宦海沉浮半生的人相见时，不禁释然一笑。

苏轼在江宁逗留了 1 个多月，经常出入半山园，与王安石把酒临风，作诗相和。苏轼一连写下 4 首和诗，其中第三首写道：

次荆公韵四绝·其三

骑驴渺渺入荒陂，想见先生未病时。

劝我试求三亩宅，从公已觉十年迟。

一句“从公已觉十年迟”，包含了多少的深意与叹息！他们这次融洽的会面，颇有“相逢一笑泯恩仇”的意味。

这次江宁相聚，王安石抛下了过去的恩恩怨怨，与苏轼坦诚相见，握手言和，苏轼也重新认识了王安石的人品和才学。两人过往的恩怨烟消云散。

苏轼辞行时，王安石仍然骑着小毛驴将他送到江边。望着苏轼所乘的船渐行渐远，王安石慨叹道：“不知再过几百年，才能有苏轼这样的人物出现呢。”

令苏轼没有料到的是，此次江宁会面竟然成了他与王安石的最后一面。2 年后，元祐元年（1086 年）四月初六，王安石在江宁病逝。得知王安石去世的消息，苏轼痛心不已。

重返京城获重用

黄州与汝州相距甚远，由于一路车马劳顿，冻饿交加，苏轼的幼子苏遁在途中不幸因病夭折，苏轼痛断肝肠，泪如雨下。于是元丰七年（1084 年）十二月，苏轼到达泗州后，上书宋神宗，请求暂不去汝州，先在常州住下。

元丰八年（1085 年）初，宋神宗批准了苏轼暂居常州的请求，苏轼很是感念宋神宗的恩泽。他在常州购置了一处房产，打算将常州作为自己的终老之地。

这年三月初五，正值盛年的宋神宗驾崩，年仅 38 岁。宋神宗第六子赵煦即位为新帝，是为宋哲宗。宋哲宗此时年仅 9 岁，由祖母高太后临朝听政。高太后起用赋闲在家多年的司马光为门下侍郎（相当于副宰相），主持朝政。司马光废止新法，恢复旧法，将主张变法的官员逐出朝廷，重新召回被贬出朝廷的反对新法的旧党官员。

苏轼被视为旧党骨干成员，自然也在被召回之列。他刚在常州安定下来，便接到朝廷的诏令，命他以朝奉郎（正七品文散官，无实权）的身份赴任登州（今山东省烟台市蓬莱区）知州。苏轼依依不舍地辞别常州的朋友们，携家人在青岛乘船，于十月十五日到达登州，打算在登州好好干一番事业。可是他上任才 5 天，朝廷又升任他为礼部郎中，返回京城任职。

匆匆登州，五日即去，人生真是变化莫测。苏轼收拾行装，与家人一起踏上返京的路程。这次重返汴京，苏轼沿途看到的都是逢迎奉承的笑脸，就连“乌台诗案”的主谋之一李定，也为他举办了盛大的欢迎宴会。对于一些人的见风使舵、趋炎附势之举，苏轼只是淡然一笑。

这次重返汴京，意味着苏轼自“乌台诗案”以来的贬谪生涯结束了，阴霾暂时烟消云散。苏轼虽然高兴，但他依然泰然处之。他在诗中写道：“羡师游戏浮沤间，笑我荣枯弹指内。”对于仕途的浮沉反复，苏轼深感无奈，只能自我解嘲，聊以自慰。

十二月上旬，苏轼一家人抵达京城。这以后，苏轼先是升任起居舍人，随时跟随在皇帝左右，负责记录皇帝的言行。不到 3 个月，他又被任命为中书舍人，负责起草任免百官的政令，地位更加显赫。其间，苏轼与钱穆父同声相应、同气相求，遂成挚交。

钱穆父，名勰，字穆父，是吴越武肃王的六世孙，进士及第，曾出使高丽，后册封会稽郡侯。与苏轼一样， 他为人正直，为官刚正清廉，故屡屡遭到权宦的排挤。钱穆父诗文俱佳，和苏轼、王钦臣、蒋之奇被称“元祐四友”。

元祐元年（1086 年）九月，苏轼又升任翰林学士知制诰，负责撰写任命大臣、册立皇后与太子，以及与其他国家往来等事务的文书等，还负责批复大臣的奏章。这个职位一般由名气最高的学者担任，晋升的下一步就是宰相。

欧阳修、司马光和王安石都曾担任过知制诰这一职务，后来均升任副宰相。这也意味着，苏轼离宰相这一职位为期不远了。元祐二年（1087 年）八月，在原有官职的基础上，苏轼又兼任经筵侍读（听讲书史的官员，为皇帝讲解经义），负责向皇帝讲授儒家经典和治国之道。就这样，苏轼一路连升，从一名被贬在外的闲散官员，转眼之间高升为朝廷中一位举足轻重的人物。

再遭构陷欲离京

从人生谷底一下子跃上人生的巅峰，苏轼对于宋哲宗是非常感激的。

苏轼越来越忙碌，常常在翰林院工作到深夜。苏轼对于各种各样的典故信手拈来，公文写得十分出彩，措词精准而绝妙。于是，他的声望越来越大，连他戴的帽子也被全国文人竞相模仿，人们戏称他所戴的帽子为“子瞻帽”。

一次，苏轼陪宋哲宗看戏。这是一出滑稽戏，几个书生打扮成丑角在台上吹牛，都说自己的文章天下第一。这时，一个头戴子瞻帽的丑角走上来说：“你们不要吵了，我的文章比你们写的好得多。”

其他丑角问：“为什么？”

“哼，你们没看见我戴的是‘子瞻帽’吗？”头戴子瞻帽的丑角神气十足地说。

宋哲宗听了会心一笑，还忍不住看了苏轼一眼。这出滑稽戏意在嘲笑当时的一些文人附庸风雅，以为戴上子瞻帽就能像苏轼一样有文采。

苏轼这次能够回京任职，并且步步高升，跟司马光有着直接关系。司马光担任门下侍郎后，极力向高太后举荐苏轼。

不过，苏轼与司马光的政见并不完全一致，司马光主张尽废新法，而苏轼坚持保留新法中有利于百姓的部分。司马光为此很不高兴，苏轼却说：“记得您以前发过感慨，当时宰相韩琦要在山西招募义勇军，您身为谏官，不顾宰相发怒而坚决劝阻。现在您当宰相，怎么又不让我说话了呢？”司马光听了无法反驳，但心中开始对苏轼产生了不满。

在元祐元年（1086 年）司马光去世后，苏轼一下子成了宰相的最佳人选。但是保守派人不想让苏轼当宰相，开始疯狂地构陷苏轼。

苏轼曾上书自辩，高太后也对他信任有加，想要惩罚那些弹劾他的人。然而，无休止的口舌之争令苏轼感到十分疲惫，他做官的目的是要造福百姓，而不是争权夺利、谋求高位。

苏轼实在不想卷入朝中那些说不清道不明的是非纠纷中，于是连上4道奏折，请求去外地做官，但高太后都没有批准。

一天晚上，苏轼正在自己的书斋中静坐冥想，却得高太后召见。见面后，高太后开门见山地问道："苏爱卿，几年前你官居何职？"

苏东坡回答："臣那时是黄州团练副使。"

高太后又问："现在担任什么职位？"

苏东坡答："翰林学士。"

"爱卿为何晋升如此之快？"高太后再问。

苏轼恭敬地答道："仰仗太皇太后、皇上恩典。"

高太后摇摇头："不是。"

"莫非是受朝中哪位大臣的举荐？"苏轼不解地问道。

高太后再摇头："也不是。"

苏轼惶恐地说："臣虽不才，但绝不敢走旁门左道。"

高太后笑了笑，不慌不忙地说：“此乃先帝遗诏。先帝在世时，每读到爱卿的文章，必感叹‘奇才、奇才’。每当用膳时举着筷子不夹菜，臣仆们便知道是看了爱卿写的文章诗词。先帝在世时经常想对你委以重任，但始终没有合适的机会如愿。”

苏轼听了拜倒在地，失声痛哭。高太后对他说：“你要尽忠辅佐幼主，以报先帝知遇之恩。”

这场谈话极大地触动了苏轼，他不再力主外派，并且在公务上更加勤勉，更加直言不讳地进谏良言。

重回杭州建奇功

随着朝局动荡，苏轼在政治纷争中进退维谷，他再次想逃离这个是非之地。元祐四年（1089 年）三月，高太后迫于各方面的压力，终于批准了苏轼出京的请求，任命他为杭州知州。

苏轼出发前往杭州时，84 岁高龄的朝廷重臣文彦博为他送行，并再三劝诫苏轼以后要少作诗。

苏轼哈哈大笑道："我若写诗，将有很多人准备作注疏呢。"

七月，苏轼抵达杭州。距离他第一次担任杭州通判，已经过去 10 多年了。如今的他已经 54 岁，两鬓花白，但他对杭州的热爱不减当年。

可一到杭州，苏轼却看到了一片荒芜的景象。府吏向他汇报说："今年年初，杭州遭遇了一次水灾，导致早稻无法播种。五六月份的时候，又发生了旱灾，晚稻的收成也没有希望了。"

苏轼担忧地说："粮食歉收，市面上的粮价就会越来越贵，普通老百姓更买不起。如果不加以干预，帮助老百姓渡过难关，等饥荒来临，不知道要饿死多少人。"

苏轼的判断没有错，他七月到任时，杭州每斗米的价格是 60 钱，到了十一月份，每斗米的价格已经涨到了 90 余钱。

苏轼连忙上奏朝廷，陈诉杭州灾情，请求救助。在他的努力下，朝廷终于下拨了一笔赈灾的粮款。苏轼马上派人到外地购买粮食，然后分批投放到市场中，稳定了杭州粮价，使老百姓平安度过了灾年。

水旱灾害除了带来饥荒，还会引发各种疾病。杭州很多百姓都染上了瘟疫，性命危在旦夕。苏轼及时组织了一批懂医术的僧人，为百姓治病，还自掏腰包购买大批药材，配成一种名为“圣散子”的药剂，在街头用大锅煎煮，发给老百姓，挽救了很多人的性命。

瘟疫过后，苏轼不仅上书朝廷请求减免赋税，还从公款中拨出两千缗（相当于两千贯铜钱），加上自己捐出的五十两黄金，创立了一所公办医院——安乐坊，方便老百姓看病就医。他还规定，每年拿出一部分地方税收，作为安乐坊的运营经费。前后 3 年内，在安乐坊治愈的病人不计其数。安乐坊是中国历史上较早兼具医疗和慈善性质的机构之一，对中国医疗事业的发展作出了不可磨灭的贡献。

与此同时，苏轼还做了几件有利于杭州百姓的大事，包括疏通河道、治理六井和西湖等。

当时，杭州城内有 2 条贯穿南北的运河，一条是穿越闹市区的盐桥河，另一条是经过人口稀少的东郊的茅山运河。这两条运河是沟通大运河与钱塘江的要道。由于钱塘江水时常倒灌，造成河道泥沙淤积，船只难以通行。苏轼征询水利专家的意见后，做出可行的规划，又调用地方驻军，花半年时间疏通了 2 条运河，使得船只得以顺利通行。

苏轼还采纳下属的建议，在钱塘江建造一座水闸，当钱塘江涌潮时就关闭通往盐桥河的水闸，让潮水流入茅山运河；退潮时则打开水闸，让清水流入盐桥河。如此便能保持盐桥河水干净清洁，河道通畅；而茅山运河位于郊区，人口稀少，只需定期疏通即可。

在疏通运河时，苏轼特地雇佣那些吃不上饭的饥民来施工，通过“以工代赈”的方式，让他们吃上了饭，可谓一举两得。

苏轼第一次任杭州通判时，曾经治理过六井，如今10多年过去了，六井再次淤塞。当年，参与治理六井的4位僧人，有3位已经去世，尚在世的一位也70多岁了。苏轼找到这位老僧，征询他的意见：“如果再次疏通六井，怎样才能一劳永逸呢？”

老僧说：“之前是用粗竹筒做水管，竹筒容易腐烂，建议改用瓦筒引水，在瓦筒外再修建石槽，这样瓦筒就可以用得长久一些。”

苏轼采纳了老僧的建议，还在北郊新挖了2口大井。8口井全都和西湖相连，这样杭州城里的人都能喝上干净清澈的井水。

治理完六井，苏轼又开始治理西湖。西湖对杭州人的生活极其重要，市民饮水、农田灌溉都离不开它。苏轼发现，因为疏于治理，西湖一带荒草丛生，到处都是沼泽。这让苏轼深感痛心。经过调查分析，苏轼发现西湖的问题主要有 2 个：

一是湖中水草过多，几乎覆盖了整个湖面，致使湖内的鱼虾缺氧而死；

二是湖底的淤泥过多，致使湖水无法流通，形成死水。

因此，治理西湖的关键就在于清理湖底的淤泥和湖中的水草。

苏轼召集百姓“以工代赈”，于元祐五年（1090 年）四月下旬开始动工治理西湖。很快，从湖底掏出的淤泥便堆积如山。这么多的淤泥，怎么处理才更省时省力呢？

苏轼苦思冥想，忽然脑海中灵光一闪：何不利用这些淤泥修建一条长堤，将西湖南北连接起来呢？

说干就干，苏轼马上组织百姓修建长堤，还在长堤上修建了跨虹、东浦、压堤、望山、锁澜、映波 6 座桥，沟通里湖和外湖。长堤两岸还种了杨柳、芙蓉，并修建了 9 座亭阁，使西湖的风景更加美丽宜人。更重要的是，人们南来北往不用再绕远路了。

为了防止西湖杂草丛生，苏轼做了很多调查，发现水草一般是长在靠近河滩的地方。于是，他将河岸和湖岸边的地方租给农民种植菱角，让他们定期除草清淤。这样一来，农民增加了收入，而西湖的水草也得到了治理，一举两得。

在苏轼的治理下，西湖渐渐恢复了生机，杭州也日益繁华。为了纪念苏轼所作的贡献，人们将他负责修筑的那条长堤取名为“苏堤”。每年春天，苏堤杨柳夹岸、艳姚灼灼，莺啼雀叫，被称为“苏堤春晓”，成为西湖最负盛名的十景之一。

苏轼在任职杭州期间，全心全意地履行着自己作为朝廷官员的职责：兴修水利、疏浚西湖、平抑粮价、赈灾救民、筑堤修桥，为杭州百姓做了很多实事、好事，不仅使杭州百姓的生活得到了改善,而且使杭州的面貌发生了巨大的变化。

苏轼与杭州有着深厚的情缘，2 度出任杭州，他的足迹和影响深深地烙印在了这座城市的历史和文化之中。他治理杭州政绩卓著，得到了杭州百姓的交口称赞；他治理杭州的事迹，被一代又一代的人们所铭记和赞颂。他治理杭州留下的工程设施，至今仍造福当地人民。他为杭州百姓留下的宝贵的文化遗产,成为杭州乃至中国传统文化的重要组成部分。

辗转三州再建功

元祐六年（1091 年），苏轼在杭州的任期已满，朝廷诏令他回京，担任吏部尚书。

但苏轼对朝中永不停息的政治争斗仍心存顾虑，加上弟弟苏辙现在位居尚书右丞，若兄弟二人同居高位，难免遭人嫉恨。因此，他上书请求继续在外地做官，但没有获得批准。

恰在此时，苏轼的好友钱穆父途经杭州，来看望苏轼。

钱穆父于元祐三年（1088 年）九月向朝廷上书，指责开封府隐瞒实情，狱空（指监狱空无一人）不实，因而得罪权贵，遭到弹劾，被贬为越州（今浙江省绍兴市）知州。当时苏轼也曾作诗相赠，劝勉钱穆父。元祐五年（1090 年），钱穆父又被徙为瀛洲（今河北省河间市）知州。次年春，钱穆父从越州出发前往瀛洲，途中正好经过杭州。

苏轼设宴为钱穆父送别。时隔 2 年，两人异地重逢，高兴异常，开怀畅饮，畅叙别后各自的生活状况、人生感受。钱穆父在苏轼家中逗留了几天，苏轼陪他游览了风景如画的西湖。临别时，苏轼作词一首，赠送钱穆父：

临江仙·送钱穆父

一别都门三改火，天涯踏尽红尘。依然一笑作春温。无波真古井，有节是秋筠。

惆怅孤帆连夜发，送行淡月微云。尊前不用翠眉颦。人生如逆旅，我亦是行人。

分别总是让人不舍和感伤，今日一别，不知何日再见，惆怅是在所难免的，于是苏轼宽慰好友，发出了“人生如逆旅，我亦是行人”的感慨。最后这一句由眼前转向整个人生，苏轼用他那超然物外、随遇而安的旷达情怀冲淡了离愁别恨，蕴含了深厚的哲理，成为千古名句。

三月九日，苏轼将家人留在杭州，独自踏上了进京的道路。一路上阴雨绵绵，他看到湖州、苏州等地灾情严重，老百姓的生活陷入困苦之中，不由得心急如焚。他接连上了两道奏折，请求辞去在汴京的官职，但都没有得到批准。

五月下旬，苏轼抵达汴京。正如苏轼所料，他这次回京引起了朝中许多人的忌惮，大臣们纷纷上书弹劾他，说他在西湖修建的长堤劳民伤财；指责他谎报杭州的灾情，毕竟当时很多地方官员都对灾情保持沉默，只有苏轼一再上书请求朝廷赈灾；就连苏轼写过的一首小诗也被提了出来。

归宜兴，题扬州竹西寺三首（其三）

此生已觉都无事，今岁仍逢大有年。

山寺归来闻好语，野花啼鸟亦欣然。

苏轼的政敌们说，苏轼在诗中写的“闻好语”，正是他对先帝驾崩感到欣喜庆幸的心情。这当然是污蔑。因为苏轼写这首诗时宋神宗已驾崩近 2 个月了。

苏轼自觉问心无愧，却无法忍受险恶的人心，他一再上书请求到外地做官，最终获得了朝廷的批准，被任命为颍州知州。

想到又要和弟弟分别，苏轼十分伤感。他希望日后从颍州卸任后，能够请辞回乡，从此隐退，最好能和弟弟一起回乡，只是不知道身居高位的弟弟是否愿意和他一起回去。他由衷地发出感慨：我已经 50 多岁了，何时能和弟弟一起还乡？

八月二十五日，苏轼抵达颍州。尽管他在颍州待的时间不长，但为颍州百姓做了许多实事、好事。

当时，开封一带连年发生水灾。为了解决水患，有人提议开挖一条大渠，把陈州的水引入颍水，再由颍水流入淮河。朝中大臣对此意见不一，于是发文征询地方官员的意见。

苏轼认为，这么大的工程必须慎重考虑，否则将会劳民伤财。他仔细阅读了所有文件，发现对于要开挖渠道的地段，还缺少地形和水貌的数据分析，于是亲自走访民众，征询意见，还派懂水利的人去相关地段观察和测量，获得翔实的资料后，得出最终结论——开挖这条沟渠有害无利。他连忙上奏朝廷，陈述意见，晓以利害，最终朝廷采纳了他的意见，取消了这项劳民伤财的工程。

这年冬天，与颍州相邻的寿州（今安徽省寿县）、庐州（今安徽省合肥市）等地闹饥荒，不少百姓背井离乡，外出逃难。苏轼当即上书朝廷，请求赈灾，但是迟迟得不到答复。想到老百姓在严冬时节饥寒交迫，他焦急得无法入眠。这时，王闰之提醒他："签判赵德麟曾经在陈州赈济灾民，很有成效，为何不找他商议呢？"

苏轼恨不得马上把赵德麟找来，但已经夜深，只得作罢。第二天天还没亮，他便叫醒赵德麟，和他一起商量赈灾的具体事宜。

“我一夜无法入睡，想着那些难民，总得尽力帮助他们才对。也许我们能从官仓里弄点麦子出来，给他们烙饼吃。”苏轼一脸忧虑地说，“我经过郑州时，傅钦之曾经说起他赈济灾民的成功经验。当时因为急于赶路，竟忘了问他到底是怎么做的，现在我只能来请教你，你可有什么办法？”

赵德麟说：“这件事我也思考过。难民们最需要的是柴和米，官仓里现有几千石米，可以马上发放；酒务局有很多柴，也可以发给难民。”

苏东坡大喜过望，立刻下令府吏按照赵德麟所说的去做，解了百姓的燃眉之急。

元祐七年（1092 年）二月，苏轼接到朝廷诏命，以龙图阁学士充淮南东路兵马钤辖知扬州军州事（扬州地方长官）。

在前往扬州途中，苏轼发现很多村庄人烟稀少、田野冷清，便找人询问原因。有人告诉他：“这里的很多百姓逃走了，因为欠了官债，债务年年累积，越积越多，哪怕是丰收的年份，他们也还不起，还不了债就要被抓去坐牢，只能远走他乡。”

苏轼知道，官债是王安石变法的遗祸，农民、商人甚至富人都受到了影响。所以，他一到扬州任上，就上书朝廷，为农民求情，但没有得到回复。苏轼不甘心，再次上书朝廷，陈述事情的严重性。这一次，朝廷终于采纳他的建议，宽免了民众的官债，老百姓都十分高兴，对苏轼感恩戴德。

自从蔡京在扬州担任知州后，扬州就有了举办万花会的习俗。所谓“万花会”，就是在鲜花盛开的时节，在城内选择几处风景优美的地方，用十余万枝五颜六色的鲜花装饰起来，放眼望去，花团锦簇，万紫千红，好像花的世界。

苏轼三月到扬州时，刚好赶上官府在筹办万花会。他意识到这件事对百姓有诸多不利，于是私下去走访，果然听到很多百姓都在抱怨。苏轼果断作出决定，停办万花会，百姓都很高兴，但靠万花会发财的官吏和奸商则对苏轼怀恨在心。

八月下旬，苏轼奉诏回京，参加宋哲宗第一次亲行的郊祀大典。苏轼本想在参加典礼后仍然去外省做官，却被封为端明殿学士、翰林侍读学士、礼部尚书，在京任职。

元祐八年（1093 年），又有人上书弹劾苏轼，从他以往的诗文中截取只言片语，断章取义，捏造罪名诬陷他。最后诬告的人虽然被治罪，但苏轼离开京城的心意也更加坚定了。

这一年，对苏轼来说是至暗的一年。八月，他的妻子王闰之病逝。九月，高太后崩逝。

高太后崩逝前，批准了苏轼外出做官的请求，让他出任定州（今河北省定州市）知州。

九月，宋哲宗开始亲政，他极力想要摆脱祖母的阴影，支持新党，大力打击旧党。苏轼离开京城前，去向宋哲宗请辞，却没有得到召见。这显然是一个不好的信号，预示着新皇帝对苏轼的不信任、不喜欢。但苏轼还是留书规劝宋哲宗："为政之道在于疏通下情，不要轻信谗言，改变国策。"

十月二十三日，苏轼抵达定州任上。定州是北方军事重镇。苏轼到任后，发现这里军队纪律松弛，训练不良，腐败严重。他开始采取有效的措施整顿军纪，加强军队的操练，还命人修复破败的军营，改善底层士兵的生活条件。

频繁的调动令苏轼感到倦怠，他预感朝廷将会出现新一轮的腥风血雨。他想辞官回乡，然而他的愿望却难以实现。

历史知识小贴士

曾 巩

曾巩（1019—1083 年），字子固，世称南丰先生。建昌军南丰（今江西省南丰县）人，北宋政治家、史学家、散文家，“唐宋八大家”之一。

曾巩出身书香世家，自幼天资聪慧，记忆力惊人，读书脱口能诵，12 岁时尝试写作《六论》，提笔立成，文辞很有气魄，被人们称为“神童”。18 岁时随父亲到京城，结识王安石，两人成为挚友。20 岁时入太学学习，写成《时务策》一文呈送欧阳修，议论时政，受到欧阳修的赏识。因为他不重视应试的科举时文，两次参加科举考试均名落孙山。29 岁那年，因父亲去世，曾巩辍学回归故里，挑起养家糊口的重担，侍奉继母，抚育弟妹。他一边躬耕垄亩，一边刻苦读书，准备继续参加科举考试。

嘉祐二年（1057 年），欧阳修主持会试，曾巩与弟弟曾牟、曾布及堂弟曾阜一同中榜，进士及第。被调任为太平州（今安徽省当涂县）司法参军，又召编校史馆书籍，不久迁馆阁校勘、集贤校理，为实录检讨官。自熙宁二年（1069 年）起离京担任地方官吏，他辗转越州（今浙江省绍兴市）、齐州、襄州（今湖北省襄阳市襄州区）、明州（今浙江省宁波市）等地，勤政爱民，政绩卓著。元丰四年（1081 年），返京任史馆修撰，次年擢拜中书舍人。元丰六年（1083 年），曾巩病逝于江宁，享年 65 岁。

曾巩是北宋新古文运动的骨干，主张“文以明道”。他的散文语言精练，感情醇厚，节奏舒缓，结构严谨，义理精深，淳朴自然。其诗风与文风相近，古朴典雅，清新自然。欧阳修、王安石、苏轼、苏辙、朱熹等人都对他的诗文极为赞赏。现存散文上千篇，有《元丰类稿》（50 卷）等留存于世。

蔡 京

蔡京（1047—1126 年），字元长，兴化军仙游县慈孝里赤岭（今福建省莆田市仙游县枫亭镇东宅村）人，北宋末年权相、书法家。

蔡京出身官宦世家，熙宁三年（1070 年）进士及第，历任舒州（今安徽省潜山市）推官、龙图阁待制、知开封府。

蔡京为人圆滑，善于见风使舵，热衷政治投机。宋神宗执政时重用王安石变法，蔡京以变法派自居，支持变法改革。元祐元年（1086 年），新继位的宋哲宗年幼，高太后临朝听政，起用旧党司马光主管朝政，蔡京附和司马光积极推翻新法。元祐八年（1093 年），高太后病逝，宋哲宗亲政，起用新党，恢复新法，蔡京又积极附和新法。宋徽宗即位后，向太后临朝听政，废除宋哲宗在位时实施的新法，起用旧党。蔡京受到旧党的攻击，被贬出汴京，闲居杭州。

蔡京暗中拉拢关系，讨好宦官童贯，让童贯在宋徽宗面前帮自己说好话。在童贯及蔡京的一些同乡官员的活动下，宋徽宗于崇宁元年（1102 年）将蔡京召回京城，拜为宰相。蔡京上任后，大肆报复曾经攻击他的朝臣，一共有 309 人被他打成“元祐奸党”，并将他们的姓名刻在“元祐党人碑”上，立在皇宫德殿门外，昭示天下。这些人中的死者被追夺官职，生者或被贬官，或被流放。

蔡京还想方设法讨好宋徽宗，极力鼓动宋徽宗大肆挥霍，派人在江南广采“花石纲”，搜集奇花异石，经运河送往汴京，沿途拆屋毁墙，劳民伤财，百姓苦不堪言。官吏又乘机向百姓敲诈勒索，大发横财，东南人民灾难深重，不堪剥削，纷纷起义，社会动荡不安。

蔡京当宰相期间，在宋徽宗的支持下，也实施了一些积极的改革措施。比如：推行市易法、方田均税法，改革币制，不断改变盐业、茶叶专卖制度；设立居养院、安济坊；主持“崇宁兴学”，建立县学、州学、太学三级学制系统；创立算学、书学、画学等专科学校等等。

蔡京主持的改革缓解了北宋的财政危机，却过度消耗了民力，刺激了统治阶层的腐败，加速了北宋的衰败。

靖康元年（1126 年），金军大举南下，入侵宋朝，宋徽宗让位给宋钦宗。天下士人追究蔡京等人祸国之罪，将他列为“六贼之首”，蔡京被宋钦宗放逐岭南，途中死于潭州（今湖南省长沙市）。

第六章

流放南荒，北归长逝

宋哲宗亲政后，再次推行新政，启用新党骨干章惇为宰相。章惇怨恨苏轼过去在他落难时没有出手相救，开始疯狂地报复苏轼。于是苏轼被一贬再贬，从岭南"瘴疠之地"惠州到蛮荒之岛儋州，越贬越远，处境也越来越糟糕。元符三年（1100 年），宋哲宗驾崩，新即位的宋徽宗因年幼，向太后临朝听政，大赦元祐旧臣，苏轼才得以从谪居之地海南北归。次年，苏轼回到常州，不久病逝。苏轼一生命运多舛，但他没有因苦难而消沉，为后人留下了无尽的精神财富。

遭迫害贬居惠州

宋哲宗亲政后，因为早就不满高太后把持朝政，所以他决定推翻高太后时期以司马光为中心的旧党制定的许多政策，继承父亲宋神宗的“遗志”，再次推行新政。

而在高太后当政期间没有被重用的一些大臣，也蠢蠢欲动，打算借新皇帝亲政的机会回到朝廷的权力中心。苏轼昔日的好友章惇便是其中之一。

苏轼和章惇在凤翔时便已结识，二人惺惺相惜，结为好友。

苏轼身陷“乌台诗案”时，章惇也曾为苏轼仗义执言。但在高太后临朝听政时，章惇因为跟司马光矛盾尖锐，遭到贬谪。章惇认为，在他落难时苏轼没有尽力帮助他，所以，他在绍圣元年（1094 年）初夏当上宰相后，便对苏轼展开了疯狂的报复。

章惇在宋哲宗面前不断数落苏轼的罪责，正是因为章惇的迫害，苏轼的晚年生活更加漂泊不定，在定州待了 8 个多月，便被贬为英州（今广东省英德市）知州；在前往英州的路上，宋哲宗又连下几道诏书，将他的职务全部革除，降为建昌军（今江西省南城县）司马，安置惠州（今广东省惠州市）为宁远军节度副使，没有实权，不得签署公文。

绍圣元年（1094 年）十月初二，苏轼携王朝云、苏过及两个年老的女仆乘船抵达惠州，先住进了驿馆，后来又搬到归善县（今广东省惠州市惠阳区）郊外的嘉祐寺居住。他常常在寺庙附近散步、停留，渐渐地熟悉了惠州的环境。

惠州位于岭南（包括广东、广西、海南、云南东部、福建西南部）地区，岭南的风光与汴京、杭州等地不同，这里气候炎热，林中多瘴气。苏轼一时间难以适应。幸好这里有风景秀丽的山川与河流，还有荔枝、甘蔗、香蕉、槟榔等新奇的果树，当地百姓对苏轼也非常友好，这让苏轼的心灵得到了慰藉。

在惠州，也有很多人仰慕苏轼，前来拜访他。当地和附近的官员常常送酒送菜给他。远方的挚友们跋山涉水前来看望他，带来其家人的消息。

苏轼被贬谪惠州后，章惇还不解恨，想让苏轼过得更加悲惨。他了解到苏轼和他的表兄兼姐夫程之才有宿怨，便将程之才调任为广南（指岭南一带）提刑，去巡查地方官员，并暗示程之才尽力找到苏轼的过失借机整治。不过章惇的阴谋没有得逞，程之才到达惠州后，有意化解程苏两家的恩怨，与苏轼重修旧好。

不辞长作岭南人

随着时间的推移，苏轼渐渐地适应了惠州的环境，尽管他没有任何权力，但还是努力为老百姓谋福利。

走在惠州城中，苏轼发现，连接惠州东城和西城的浮桥破旧不堪，雨天涨水时经常出现桥上行人掉落水中的现象，还有西丰湖的长桥也年久失修。于是，他和程之才及地方官员商议，组织人力将这两座桥重新改造了一番，方便了百姓出行。他还建了一个大冢，安葬那些无名死者的骸骨，并为这些不知名的死者写了祭文。

行走在田间，苏轼看见惠州农民使用的农具很笨拙，想起自己在黄州见过的一种叫秧马的农具，便主动教农民制作和使用秧马，大大提高了农民的劳动效率。

绍圣二年（1095年）九月，宋哲宗祭祀先祖，按照惯例大赦天下，但元祐年间被贬斥的大臣却不在赦免之列。苏轼得知消息，彻底断绝了北归的念头，作诗一首表明心迹：

惠州一绝·食荔枝

罗浮山下四时春，卢橘杨梅次第新。

日啖荔枝三百颗，不辞长作岭南人。

在这首诗中，苏轼豪迈依旧，旷达依旧。他已经放下朝中的是是非非，甘心当一个岭南人，决定在岭南安家终老。

苏轼拿出所有的钱财在惠州白鹤峰建造了一座漂亮的房舍，将它命名为“白鹤居”。他在白鹤居周围种植了橘子、柚子、荔枝、杨梅和枇杷等。当时，他委托一个官员帮忙购买果树苗，并特别叮嘱道：“我已经老了，最好买中等大小的树苗，如果树苗太小，我恐怕等不到它们长大结果了。”

新居建成后，苏轼的长子苏迈也带着家眷来到惠州。白鹤居西可远眺惠州西湖，东可遥见寺院僧楼，家人齐聚一堂，谈笑风生，其乐融融，使苏轼有了一段难得的快乐安详的日子。一天午睡之后，苏轼随兴写了一首诗：

纵笔

白头萧散满霜风，小阁藤床寄病容。

报道先生春睡美，道人轻打五更钟。

诗虽短小，但字里行间却显露了苏轼在苦难中自寻其乐的生活状态，充满了安适、愉悦和自在悠闲。

这首诗传遍京城，章惇读后心中颇为不悦，自言自语道："看来子瞻在惠州过得很快活啊！"章惇把苏轼贬到惠州，是要让他去受苦，而不是去享福的。于是，他又在宋哲宗面前极尽诬陷苏轼，怂恿宋哲宗把苏轼贬到更边远的地方。

绍圣四年（1097年）二月，宋哲宗下诏，将苏轼调离惠州，贬为琼州（今海南省海口市琼山区）别驾（辅佐琼州州官的虚职），安置昌化军（今海南省儋州市），不得签署公文。这是苏轼人生中的最后一次放逐。与此同时，苏辙也被贬到了雷州半岛。

儋州的流放岁月

绍圣四年（1097年）四月，苏轼动身前往儋州。这一年，苏轼62岁，已是一位两鬓苍苍、行动迟缓的花甲老人。他不知道自己是否还能活着从儋州回来，决定只带三子苏过一起去儋州。临行前，苏轼向长子苏迈交代了后事。

途过梧州（今广西省梧州市）时，苏轼听说苏辙被贬到了雷州半岛，不久前刚经梧州前往藤州（今广西省藤县）。梧州与藤州相距200多里，苏轼连忙派人送信给苏辙，让苏辙在藤州等他。

兄弟二人终于在藤州见面了。他们一起来到一个路边小摊吃面，食物粗粝涩口，苏辙一口一根面，吃得十分艰难。苏轼却将食物全都吃完，然后放下筷子，对苏辙说："如此美味，你还想细细地品尝吗？"说完却哈哈大笑起来。

他们尽量放慢脚步，拖延前行的速度，享受相聚的美好时光。两人同吃同住，每天总有说不完的话，道不尽的思念。其间，苏轼痔疮发作，十分痛苦，苏辙整夜陪在他身边，还劝他戒酒。

六月十一日清晨，苏轼带着苏过和雷州知州为他选派的几名士兵，在海安乘船渡海，苏辙来到岸边为他送行。船慢慢驶向大海远处，苏轼站在船上，遥望岸边弟弟越来越模糊的身影，心中一阵难过，两行热泪夺眶而出。兄弟二人谁也没有料到，这竟成了他们人生中的最后一面。

七月初二，苏轼一行顺利抵达儋州。儋州当时是个蛮荒之岛，是人们眼中的天涯海角。

儋州的生活比惠州和黄州的生活都更艰苦。岛上气候潮湿，夏季炎热，海风带来潮气和寒气，山中多雨多雾。苏轼刚到儋州的时候，很不适应当地的气候。因为旅途劳累，加上痔疮发作，他大多数时间都待在破旧的官舍中。

不久，新任军使张中到儋州上任，他非常敬佩苏轼，立即登门拜访，并且和苏过成了至交。张中擅长下棋，经常与苏过对弈，苏轼便在一旁观看。

时间一长，苏轼渐渐地融入了海南百姓的生活，感受着海南的风情。他交友广泛，其中有仰慕他的士人，也有一些原住居民。他们常常一起饮酒吟诗，相谈甚欢。

闲暇时，苏轼依旧写诗、写词、写文章，或排解心中的苦闷，或自娱自乐。

纵笔三首·其一

寂寂东坡一病翁，白须萧散满霜风。

小儿误喜朱颜在，一笑那知是酒红。

在这首诗中，苏轼写自己年老体衰，疾病缠身，须发白得像一世不散的霜风。儿子夸他脸色红润，他的笑容却泄露了真相，原来只是喝酒后的醉容。在诗中，苏轼以达观的态度自嘲衰老，依然表现出乐观、随性的人生态度。

冬季，岛上雨多风大，苏轼居住的官舍经常漏雨，有时睡到半夜，还得起来把床换个地方。张中好心用公款帮苏轼修整房屋，不料遭到弹劾，竟被朝廷免职；苏轼也被赶出了官舍。

无奈之下，苏轼只得拿出自己仅有的一点积蓄买地盖屋。朋友们纷纷向他伸出援助之手，当地百姓也为他送来建造房屋的物资。终于，茅屋盖好了，虽然简陋，但苏轼总算有了住的地方。因为茅屋处在桄榔林中，苏轼便将茅屋命名为“桄榔庵”。

岛上的居民大多以卖香为生，不耕地种田，物资匮乏，无肉少粮。天气不好的时候，海上的船不能靠近岛岸，物资运不上来。苏轼给朋友写信说，他现在过着“苦行僧”一般的生活，经常有挨饿的时候。

岛上缺医少药，人们生病了就“椎牛祭鬼”，举行丧葬仪式，“解牛款客”。所杀的牛都是人们用沉香等特产从外省商人手里换来的，买一头牛往往就花光了他们一年的收入。

为了改变岛上居民穷苦的生活，苏轼请岛上的僧人帮忙宣传耕牛的好处，并且亲自上山采草药，撰写医学笔记，还写信让朋友帮忙从外地购买药材，制成秘方，分发给岛上的百姓。他劝告百姓们垦荒种植，发展农业，以免粮船不到饿肚子。

因为苏轼处处与人为善，附近的百姓都非常喜欢他。有一次，苏轼去拜访当地的一对兄弟，回家的时候下起了雨，他便向农夫借了一顶斗笠和一双木屐。当地人都知道苏轼在京城做过大官，而且是名闻天下的大诗人，见他头戴斗笠，脚穿木屐，觉得很稀奇，争相观看，孩子们还围着他拍手嘻笑。

苏轼在儋州还发挥自身所长，教贫苦百姓的孩子读书，并亲自编写教材授课。越来越多的人聚集到他身边请教知识，既有当地的文人士子，也有广州等地的学子渡海来到儋州，向他学习作诗、写字和绘画。苏轼不遗余力地传道授业解惑。儋州文化的兴起，是苏轼功业的闪光点。

琼州人姜唐佐，一路辛苦跋涉来到儋州拜师，在苏轼身边待了半年之久。临别时，姜唐佐请苏轼赠诗，苏轼在扇子上写道："生长茅间有异芳，风流稷下古诸姜。适从琼管鱼龙窟，秀出羊城翰墨场。沧海何尝断地脉，白袍端合破天荒。"然后说："等你中了进士，我再为你续足成篇。"

后来，姜唐佐果然考中了进士，他也是海南有史以来的第一位进士。这时苏轼已经去世，苏辙便代替兄长续写了这首诗的后两句："锦衣今日千人看，始信东坡眼力长。"

苏轼在儋州待了差不多3年。元符三年（1100年）正月，宋哲宗因病驾崩，宋神宗第十一子、宋哲宗之弟赵佶继位，是为宋徽宗。宋神宗的皇后向氏以皇太后的身份临朝听政，大赦元祐旧臣，苏轼也是其中之一，于是他得以从海南北归。

"人生如逆旅，我亦是行人。"当年苏轼所写的这一句，充分概括了他的人生轨迹。人生如梦，来去匆匆，在儋州，苏轼就像一个过客，但他留下的功绩至今仍让人追忆和怀念。

泪别儋州北归去

元符三年（1100年）五月，苏轼终于接到了朝廷的诏令，要求他以琼州别驾的身份移居廉州（今广西壮族自治区合浦县），不得签署公文。

接到诏令，苏轼既激动又感伤，激动的是，他终于可以离开偏远的儋州；感伤的是，3年来他与岛上的百姓相处融洽，同甘共苦，结下了深厚的情谊，此去一别恐难再会。

六月二十日，苏轼与儿子苏过、仆人打点好行装，从儋州西北的澄迈港乘船出发。儋州的百姓也非常舍不得苏轼离开，他们知道他喜欢喝酒，就准备好酒和饭菜赶来为他送行，看着苏轼一行乘坐的船消失在海面上，他们才含泪离开。目睹儋州百姓送别的感人场面，苏轼老泪纵横，写下一首诗：

别海南黎民表

我本海南民，寄生西蜀州。

忽然跨海去，譬如事远游。

平生生死梦，三者无劣优。
知君不再见，欲去且少留。

这天夜里，苏轼在船舱中辗转反侧，难以入眠，想到自己谪居儋州3年的日日夜夜，想起这些年漂泊不定的仕途生涯，他感慨万千，于是作诗一首，吐露心曲：

六月二十日夜渡海

参横斗转欲三更，苦雨终风也解晴。
云散月明谁点缀？天容海色本澄清。
空余鲁叟乘桴意，粗识轩辕奏乐声。
九死南荒吾不恨，兹游奇绝冠平生。

尽管被贬到偏远地方，历经磨难，九死一生，但他并不怨恨，他觉得能饱览海上奇景和岛上奇特的风俗，不也是人生难得的快事吗？

七月初四，苏轼一行抵达廉州。廉州知州张左藏和当地的名士刘几仲、邓拟等人设宴款待苏轼，并为他们安排了住所。苏轼对张左藏等人感激万分，与他们把酒吟诗，开怀畅谈。

苏轼在廉州作了短暂的停留。八月，他又接到朝廷的诏令，被任命为舒州团练副使，移永州（今湖南省永州市）安置。八月二十九日，苏轼与张左藏等人告别，动身前往永州。

苏轼本打算从贺江（今广东省封开县境内）乘船北上到湖南，但因为秋旱贺江缺水，行船不便，他决定绕道北上：先至广州，再向北越过大庾岭，然后经江西西行到达湖南。

十月，苏轼几人到达广州，长子苏迈、次子苏迨早已携家眷赶来迎接父亲。离别多年，与儿孙们再次相逢，苏轼悲欣交集，感叹人生如梦。

十一月，苏轼一家动身北上。途经英州（今广东省英德市）时，苏轼又接到朝廷诏令，任命他为朝奉郎，可以选择在任意地方居住。至此，苏轼的贬谪生涯终于画上了句号，获得了真正的自由。

溘然长逝常州城

建中靖国元年（1101 年）正月，向太后病逝，宋徽宗开始亲政。正在北上途中的苏轼得知消息，预感到朝廷中将会出现新的变动，决定远离是非。他打算选择一个离汴京较远的地方定居下来，和家人一起生活，安享余生。可是，去哪里定居好呢？

苏轼早年在常州有一些田产，还有一些家人住在那里。而常州的自然风光也是苏轼所熟悉和热爱的。多年前，他便想过要在常州隐退。

苏轼也想过到弟弟苏辙那里定居，实现早年他与弟弟的“风雨对床”之约。苏轼在海南期间，苏辙先后被贬至雷州、循州（今广东省河源市龙川县），在苏轼北归之前又被调往永州（今湖南省南部，潇湘二水汇合处）、岳州（今湖南省岳阳市），不久朝廷也准许他任意选择一个地方居住。最后，苏辙选择了颍昌（今河南省许昌市），作为自己的退隐之地。

苏辙频繁给苏轼写信，殷切地表达自己渴望和兄长一起在颍昌终老的愿望。苏轼也不想再和弟弟分隔两地，但他又有些犹豫，因为弟弟生活并不宽裕，自己这一大家子到达颍昌，与弟弟毗邻而居，无疑会给弟弟增加负担。

苏轼带着家人慢慢北上。一路上，有不少朋友极力劝说苏轼到他们那儿定居，与他们为邻。苏轼动摇过，但最终还是决定在常州、颍昌两地之间做选择。

苏轼一度决定回常州居住，但苏辙写信给他说："我们都已到了桑榆晚年，怎么还能忍受离别之苦？"话语中饱含酸楚与思念之情，令人落泪。读了弟弟的信，苏轼内心大为感动，决心北上颍昌，和弟弟结邻而居。

苏轼北归途中，有传言说朝廷要重新起用他，甚至要拜他为相。所以，苏轼每到一个城市，都受到当地官员的热烈欢迎。不少人还准备好纸笔，请他题诗作画。各地的老百姓也常常在他经过的地方欢迎他，只为一睹他的风采。

三月，苏轼与家人乘船从虔州（今江西省赣州市）出发，经南昌、当涂、金陵、真州（今江苏省仪征市），于六月初到达润州（今江西省镇江市），在这里作了短暂停留。苏轼上岸到金山寺游览了一番，在寺中看到好友、画家李公麟所绘的《扶杖醉坐图》，心生感慨，写下一首自嘲诗：

自题金山画像

心似已灰之木，身如不系之舟。

问汝平生功业，黄州惠州儋州。

这首诗表面上是自嘲，实际上是苏轼面对当年自己的画像，抚今追昔，经历痛苦、磨难之后大彻大悟而发出的感慨。“心似已灰之木”，他已看淡了荣辱名利；“身如不系之舟”，他终于获得了真正的自由；“问汝平生功业”，他自责自问，这一生是否虚度年华，可曾建功立业；“黄州惠州儋州”，这3个地方虽是贬居之地，但他没有在这些地方虚度人生，除了尽己所能帮助百姓，也在文学的园地里辛勤耕耘，收获颇丰。

离开金山寺后，苏轼与家人继续乘船北上。途中，他听到了一个不好的消息：宋徽宗亲政以后，为了调和新党与旧党之间的矛盾，新党旧党兼用，任命保守派的韩忠彦为左相、变法派的曾布为右相，试图终结新旧两党之间的争斗，建立一个“联合政府”，稳定朝中局势，可是事态的发展超出了宋徽宗的预料，新旧两党互相弹劾、攻击，使朝中局势重又陷入混乱之中。

苏轼已经见识了太多残酷的党争，并且深受其害，他不想再被卷入政治斗争的旋涡中了。为避免连累苏辙，苏轼打消了去颍昌定居的念头，他写信给苏辙说明缘由，对于自己最终不能跟他一起生活表示惋惜。

建中靖国元年（1101年）六月中旬，苏轼一家经扬州乘船沿运河抵达常州。运河西岸人山人海，人们纷纷对着船招手，以表达对苏轼诚挚热烈的欢迎。

北行途中，苏轼身上所带的钱几乎花光了，来到常州后，他只好和家人寄居在好友钱世雄为他租下的一所住宅中。

这时，苏轼的身体变得越来越虚弱。早在六月初，苏轼就生病了，他得了痢疾，寝食不安，言语不便。到达常州后，他的病情更加严重。好友钱世雄来看望他，他吃力地说："我从南方迢迢千里，生还中土，自然高兴。唯一感到难过的是，回来后始终没有机会与子由相见。自从在雷州海边和他分别，我们就一直没有再见面……"

喘息了一会儿，苏轼接着说："我在海南时已完成了《论语》《尚书》《易经》3 部书的注解，现在将这 3 部书稿托付给你。你将这些书稿好好收藏，30 年后，它们将很受人看重。"说着，他颤抖着想打开箱子，却怎么也找不到钥匙。

钱世雄安慰他说："世伯，不用着急，您先安心养病，待病好了再找也不迟。"

苏轼预感到自己离大去之期不远，于是写信给苏辙说："如果我死了，把我葬在嵩山下，你来替我写墓志铭。"

苏辙一边读信，一边掉泪说："我哪里忍心替兄长写墓志铭啊？"为了见兄长最后一面，苏辙火速赶往常州，苏轼也在努力坚持着等待苏辙的到来。

七月十五日夜，苏轼发起了高烧，到第二天天亮时牙龈出血严重。十八日，苏轼将3个儿子叫到床边，对他们说："我一辈子没做过什么亏心事，你们不要哭，让我坦然离开就好。"

苏轼最终没能等到苏辙到来，于七月二十八日与世长辞，享年64岁。他宦海浮沉，备受颠沛流离之苦，晚年好不容易过上安稳的生活，可惜也仅有1个多月的时间。

苏轼走了，却留下了最绚烂的人生。他留下的诗、词和散文，是我国文学宝库中璀璨的瑰宝。他的灵魂与节操，即使相隔千年，依然熠熠生辉，照亮人类诗意前行。

历史知识小贴士

李公麟

李公麟（1049—1106年），字伯时，号龙眠居士。舒州（今安徽省桐城市，一说安徽省舒城县）人，北宋著名画家。

李公麟出身名门望族，其父李虚一曾在朝中担任大理寺丞，喜爱收藏法书名画，李公麟耳濡目染，自幼就受到良好的艺术熏陶。他天赋异禀，早年博览群书，博通古今，且擅长诗文，写得一手好字，行书、楷书尤为精妙，深得晋人书法精髓，是一位有高深修养和多才多艺的文人。

熙宁三年（1070年），李公麟进士及第，历任南康（今江西省赣州市南康区）县尉、长垣（今河南省长垣市）县尉、泗州（今安徽省泗县）录事参军（负责记录官府的事务和文书）、中书门下省删定官（负责修订和审核法律条文）、御史台检法和朝奉郎等职。元符三年（1100年），因病辞官归隐家乡龙眠山庄，直至去世。

李公麟的绘画才能首先表现在题材极为广泛，举凡帝王、将相、官吏、佛像、仕女、山水、骏马、花鸟、走兽等都是他所画的对象，尤其擅长画人物、鞍马、山水、竹石。最让人惊奇的是他的绘画天赋和绘画主题的多样性，在古代绘画技法的基础上有所创新。

李公麟与同时代的王安石、苏轼、米芾、黄庭坚等文人都有交往，彼此交谊深厚，苏轼对他的画作极为推崇。李公麟大胆创新，在学习前人绘画技法的基础上，创立了一种风格独特的白描手法。他只用线条、浓淡墨色来刻画实物，线条流畅健拔，粗细浓淡相宜，构图坚实隽秀，画面简洁自然却灵动飘逸，展现了高超的绘画技法。李公麟将中国古代的线描技法推向了巅峰，他也因此被后人尊称为“宋画中第一人”“百代宗师”。

金山寺

金山寺位于江苏省镇江市润州区金山路 62 号，始建于东晋时期，当时叫“泽心寺”，距今已有约 1600 年的历史。

金山原为屹立在长江中的一个岛屿，因为“大江曲流”，长江携带的泥沙在岛的周边沉淀堆积，至清朝光绪年间，金山逐渐与南岸相连。

金山是江南佛教圣地，南朝梁武帝天监四年（505 年），梁武帝在金山设立水陆道场，这里就成了佛教诵经设斋，礼佛拜忏和追荐亡灵的水陆法会的发源地。唐宣宗时期，宰相裴休之子法海（俗名裴文德）来到寺中，重修寺院，唐宣宗敕令将泽心寺更名为“金山禅寺”，法海也被称为金山寺的“开山祖师”。北宋大中祥符五年（1012 年），宋真宗因梦游金山，亲书“龙游山”三字赐给金山寺。天禧五年（1021 年），宋真宗派内侍江德明给金山寺送来三百万钱，资助寺中僧人修复庙宇、装饰佛像，并赐“龙游禅寺”四字。宋徽宗年间（1100 年—

1126 年），因为徽宗崇尚道教，金山寺又改名为“神霄玉清万寿宫”。清康熙年间（1662 年—1722 年），康熙帝曾给金山寺题写“江天禅寺”的匾额。

中国的寺庙一般坐北朝南，门朝南开，但是金山寺是中国唯一一座庙门向西开的寺庙。这是因为当年金山耸立江心，江水自西向东从金山寺旁边流过，山门朝西，正好面对长江，有“江中芙蓉”的美称，可以充分欣赏“大江东去，群山西来”的壮观景色。另一方面，寺门朝西，也是取朝向西天极乐世界之意。

历史上，很多文人墨客曾来金山寺游览，并作诗留念，王安石、苏轼、梅尧臣、范仲淹、杨万里、陆游、辛弃疾等人都在这里留下了诗篇。金山景点甚多，充满历史传说与神话故事，比如《白蛇传》白娘子水漫金山、唐高僧玄奘出家金山寺、梁红玉擂鼓战金山、岳飞奉旨返京城路过金山寺获高僧指点，等等，使金山寺名播四海，广为人知。

附录

苏轼生平简表

◎ 景祐四年（1037 年）一月八日，生于四川眉州眉山（今四川省眉山市）。

◎ 皇祐六年（1054 年），娶妻王弗。

◎ 嘉祐元年（1056 年），在父亲的带领下，和弟弟苏辙首次出川赴京，参加朝廷的科举考试。

◎ 嘉祐二年（1057 年）三月，进士及第，中榜眼。母亲病逝，回乡丁忧。

◎ 嘉祐四年（1059 年）十月，丁忧期满，迁往京城。

◎ 嘉祐五年（1060 年）二月，抵达京城。

◎ 嘉祐六年（1061 年）八月十七日，顺利通过阁试六论，参加了宋仁宗在崇政殿举行的御试，被列为三等，为“百年第一”。十一月，被任命为大理评事，签书凤翔府判官。

◎ 治平二年（1065 年）五月，妻子王弗病逝于京城。

◎ 治平三年（1066 年）四月，父亲苏洵去世，与弟弟苏辙扶父亲灵柩还乡，居家丁忧。

◎ 熙宁元年（1068 年），丁忧期满，续娶王弗堂妹王闰之。

◎ 熙宁二年（1069 年）二月，返回京城，任职史馆。

◎ 熙宁四年（1071 年），因上万言书指出新法的弊端，为变法派所不容，主动请求外调，被授为杭州通判。

◎ 熙宁七年（1074 年），杭州通判任期满，请任密州知州。

◎ 熙宁九年（1076 年），改任徐州知州。

◎ 元丰二年（1079 年），调任湖州知州；后因“乌台诗案”被解往京城，入狱。

◎ 元丰三年（1080 年）十二月二十八日，被贬为黄州充团练副使，谪居黄州。

◎ 元丰六年（1083 年）九月二十七日，幼子苏遁出生。

◎ 元丰七年（1084 年）三月，改任汝州团练副使，易地京西北路安置；七月二十八日，幼子苏遁于途中夭折。

◎ 元丰八年（1085 年），宋神宗驾崩，宋哲宗即位，宋神宗之母高太后临朝听政，重新起用司马光为相；调升为朝奉郎，知登州；十月，被任命为礼部郎中，返回京城任职。

◎ 元祐元年（1086 年）九月，升任翰林学士知制诰。

◎ 元祐二年（1087 年）八月，在原有官职的基础上，兼任经筵侍读。

◎ 元祐四年（1089 年），任杭州知州。

◎ 元祐五年（1090 年），组织百姓治理西湖。

◎ 元祐六年（1091 年），杭州知州任期满，被召回朝，担任吏部尚书；八月，调往颍州担任知州。

◎ 元祐七年（1092 年）二月，以龙图阁学士充淮南东路兵马钤辖知扬州军州事；八月，奉诏回京，被封为翰林侍读学士、礼部尚书，在京任职。

◎ 元祐八年（1093 年）八月，妻子王闰之病逝；九月，高太后病逝，宋哲宗开始亲政，新党再度执政；被任命为定州知州。

◎ 绍圣元年(1094 年), 被贬为英州知州; 随即又以“讥刺先朝”罪名，被贬为宁远军节度副使，安置惠州。

◎ 绍圣四年（1097 年），责授琼州别驾，安置昌化军。

◎ 元符三年（1100 年）正月，宋哲宗驾崩，宋徽宗继位，宋神宗皇后向氏以皇太后的身份临朝听政，大赦元祐旧臣，苏轼也是其中之一。五月，收到朝廷准许他离开海南的诏令。六月，从儋州渡海北归。

◎ 建中靖国元年（1101 年）六月中旬，与家人抵达常州。七月二十八日，因病在常州逝世，享年 64 岁。